TRICK 17

ALLTAGSTIPPS

BENJAMIN BEHNKE
KAI DANIEL DU
CHRIS IGNATZI
ANTJE KRAUSE
INA VOLKMER

Weltbild

INHALT

START

NACHHALTIG LEBEN

Aquariumwasser muss regelmäßig erneuert werden. Gieße das alte Wasser aber nicht in den Abfluss, sondern in den Garten: Die Hinterlassenschaften der Fische und die Algen darin sind ein prima Dünger!

1

2

NO WASTE BEIM BÄCKER

Kuchen, Törtchen, Brötchen – beim Bäcker werden sämtliche Leckereien in Papiertüten verpackt und vorher noch hübsch auf einem Pappteller drapiert. Diesen unnötigen Müll vermeidest du, wenn du eine saubere Lunchbox von zu Hause mitbringst, die idealerweise aus Edelstahl gefertigt wurde. Große Brote fühlen sich in einem Backbeutel wohl.

Auch deinen Coffee to go kannst du genießen, ohne Müll zu produzieren. Auf Seite 215 erfährst du, wie's geht.

Bio-Produkte sind teurer als ihre regulären Nachbarn im Obst- und Gemüseregal. Doch für ein paar Extra-Euros bekommen alle am Lebensmittel Beteiligten auch mehr – vor allem mehr Geschmack. Gemüse von Bio-Bauern ist zum Beispiel nicht mit Kunstdüngern und Pestiziden belastet worden. Sie düngen mit Tiermist und achten auf einen nährstoffreichen, qualitativ hochwertigen Boden. Auch bei der Fleischproduktion gehen Bio-Bauern bessere Wege. Statt Massentierhaltung in riesigen Ställen ermöglichen sie den Tieren Auslauf auf der Weide. Sie füttern sie mit biologisch angebautem Futter, Gras und Heu und verzichten auf chemische Futterzusätze.

Bio-Produkte sind nicht unbedingt nährstoffreicher, schmecken aber besser, denn die Bauern lassen dem Obst und Gemüse mehr Zeit zu reifen. Dadurch schmecken sie intensiver.

3

EIN HERZ FÜR BIO-BAUERN

Nur vier Begriffe sind gesetzlich geschützt und gewährleisten, dass ein Produkt nach den Richtlinien der EG-Öko-Verordnung erzeugt wurde: bio, biologisch, öko, ökologisch! Auch auf „kontrolliert biologisch“ ist Verlass.

Produkte mit Formulierungen wie alternativ, natürlich oder kontrollierter Anbau sind keine Bio-Produkte nach gesetzlichem Standard.

4 ACHTUNG: ETIKETTENSCHWINDEL

5

SAVE THE FISH

Rund 93 Millionen Tonnen Fisch werden jährlich weltweit gefangen. Das sind weitaus mehr Fische, als natürlich nachkommen können. 30 Prozent der kommerziell genutzten Fischbestände gelten bereits als überfischt, 60 Prozent als maximal genutzt, so Tierschützer. Das Problem liegt jedoch nicht nur in den vielen toten Fischen, sondern auch im dadurch veränderten Ökosystem. Viele Fischarten, die anderen Lebewesen als Nahrungsquelle dienen, werden komplett überfischt, wodurch diverse Nahrungsketten gestört werden. Außerdem bringt jeder Fischfang auch einen Beifang mit sich – Lebewesen, die versehentlich in den Netzen verenden, wie Haie, Schildkröten, Delfine und Wale. Das Ergebnis: Die Meere werden immer leerer. Beim Kauf solltest du darum unbedingt auf Bio- und Umweltsiegel achten. Sie garantieren nachhaltige Fischerei.

6

HAFER STATT KUH

Die Produktion von Kuhmilch steht schon seit vielen Jahren in der Kritik. Um Milch produzieren zu können, müssen Kühe nämlich erstmal ein Kälbchen bekommen. An sich kein Problem – doch leider werden sie sofort nach der Geburt wieder vom Nachwuchs getrennt und so schnell wie möglich wieder befruchtet, damit der Milchfluss nicht versiegt. Besonders tierfreundlich ist das nicht. Wer trotzdem Kuhmilch trinken möchte, sollte darum genau darauf achten, woher die Milch kommt. Bei einigen Bauernhöfen werden die Kühe zum Beispiel nicht sofort von ihren Kälbchen getrennt, sondern erst nach ein paar Monaten langsam entwöhnt. Wer keine Möglichkeit zum Herkunftscheck hat, greift am besten zur Bio-Vollmilch, denn diese garantiert zumindest eine artgerechte Haltung und einen gelegentlichen Weidegang. Noch besser sind jedoch pflanzliche Alternativen, wie zum Beispiel Hafermilch. Die kannst du nämlich ganz easy selbst herstellen:

Gib 80 g Haferflocken, 1 Liter Wasser und 1 Prise Salz in einen Topf. Aufkochen und vom Herd nehmen.

1

Abkühlen lassen und die Mischung mit dem Pürierstab pürieren.

Danach filterst du den Brei durch ein Baumwoll-Tuch in eine Schüssel, sodass alle festen Bestandteile des Breis im Tuch bleiben.

Hafermilch in ein Glasgefäß gießen und bis zu drei Tage lang im Kühlschrank lagern.

7

OLÉ OLÉ MHD

Produkte mit abgelaufenem Mindesthaltbarkeitsdatum landen meist vorschnell im Müll. Doch viele Konsumenten wissen nicht, dass dieses Datum lediglich ein Richtwert ist und bedeutet, dass das Produkt bis zu diesem Tag „mindestens" haltbar ist – es muss danach aber nicht zwangsläufig schlecht sein. So überprüfst du, ob Milch, Joghurt, Fleisch & Co. wirklich schlecht sind:

Fisch & Fleisch: Auf Fisch, Fleisch & Geflügel ist oft der Hinweis „Zu verbrauchen bis" angegeben. Danach solltest du es auch tatsächlich nicht mehr verzehren. Ansonsten gilt: Riecht es komisch oder scheint es sich farblich verändert zu haben, weg damit. Wichtig: Alles, was du roh essen möchtest, zum Beispiel Mett oder Lachs, solltest du am gleichen Tag verzehren.

Milchprodukte: Verändert sich die Form der Verpackung, weist dies auf ein verdorbenes Produkt hin, zum Beispiel wenn sich der Joghurt-Deckel anhebt. Ein weiterer Hinweis sind unnatürliche Verfärbungen, ein unangenehmer Geruch oder ein merkwürdiger Geschmack, wie bei saurer Milch.

TK-Waren: Bei Produkten aus der Kühltruhe hilft der Geruchstest leider oft nicht. Hier solltest du den Bogen darum besser nicht überspannen und das MHD nicht groß überschreiten. Im Zweifelsfall besser entsorgen, vor allem bei Fleisch, Geflügel und Fisch.

Eier: Wenn du unsicher bist, ob dein Frühstücksei noch gut ist, versenkst du es einfach in einer Schale mit Wasser oder in einem Glas. Sinkt das Ei auf den Boden, ist es unbedenklich und du kannst es problemlos zubereiten. Wenn es an der Wasseroberfläche schwimmt – ab in den Müll.

Konserven: Luftdicht verschlossen kannst du Konserven oft noch viele Jahre nach Ablauf des MHDs essen. Wenn die Verpackung allerdings aufgebläht oder beschädigt ist, oder dir beim Öffnen ein beißender oder säuerlicher Geruch entgegen kommt, solltest du die Dose umgehend entsorgen.

Obst, Gemüse & Brot: Wenn Schimmel zu sehen ist, solltest du Brot & Co. komplett entsorgen, denn meist sind nicht nur die sichtbaren Bereiche betroffen, sondern auch der Rest, allerdings unsichtbar.

Käse: Bei manchen Sorten ist Schimmel erwünscht und trägt zum Geschmack bei. Diesen Käse kannst du natürlich essen, sofern sich keine grünlich-grauen oder rosa-weißen Stellen bilden, denn die sind schädlich. Ansonsten gilt: Frischkäse und Scheibenkäse entsorgen, wenn sich ein flauschiger Pelz darauf ausbreitet. Bei Hartkäse einfach die schimmeligen Bereiche großzügig abschneiden, z. B. bei Emmentaler und Parmesan.

8 WASH VEGAN

Selbstgemachtes Waschmittel ist nicht nur günstig, sondern auch effektiv. Es ist mit Wunsch-Duftnote verfeinerbar und hält rund drei Monate.

1

40 g vegane Kernseife fein raspeln und mit 4 EL Waschsoda in einer großen Schüssel verrühren.

1 Liter kochendes Wasser zufügen und mit dem Schneebesen umrühren, bis sich die Seife aufgelöst hat. Danach eine Stunde abkühlen lassen.

2

Nun die Masse erneut verflüssigen, indem du den nächsten Liter kochendes Wasser zugibst und rührst, bis alles wieder schön flüssig ist. Danach erneut abkühlen lassen.

3

4

Wenn die Flüssigkeit gelartig wird, gibst du den dritten Liter kochendes Wasser hinzu. Umrühren und nach und nach 3 EL Zitronensäure (vorsicht, schäumt auf) und 10 Tropfen ätherisches Öl nach Wahl zufügen.

Waschmittel kurz abkühlen lassen und dann in einen leeren Waschmittel-Behälter umfüllen. Vor jedem Benutzen kurz schütteln.

5

Ätherische Duftöle wie Zitrone, Grapefruit, Jasmin oder Lavendel lassen deine Wäsche besonders frisch duften.

Backpulver ist der absolute Geheimtipp unter den Putz-Hausmitteln. Am besten eignet es sich zum Lösen hartnäckiger Verschmutzungen in Töpfen, Pfannen und auf Backblechen. Dazu einfach 3 TL Backpulver und 1 Liter Wasser in das dreckige Gefäß geben und kurz aufkochen. Einwirken lassen, bis sich das Eingebrannte ganz einfach wegwischen lässt.

Du kannst stattdessen auch Soda nehmen. Soda kannst du als Waschsoda oder als reines Soda in jedem Drogeriemarkt im Reinigungsmittel-Regal finden.

9 BLITZBLANK MIT BACKPULVER

10
SELF-MADE-SPÜLI

Auch Spülmittel kannst du umweltfreundlich selbst herstellen. Alles was du dafür brauchst sind 30 g vegane Kernseife (z. B. Aleppo-Seife aus Oliven- und Lorbeeröl), eine Reibe und 2 TL Natron. Und so geht's: Seife mit einer Küchenreibe in einen Kochtopf hobeln, danach mit 600 ml kochendem Wasser übergießen. Natron dazugeben und unter Rühren darin auflösen. Flüssigkeit in ein leeres Glas oder einen Seifenspender füllen.

Auf besonders hartnäckige, fettige Stellen pure Aleppo-Seife geben.

11

RETRO-STÄNDER

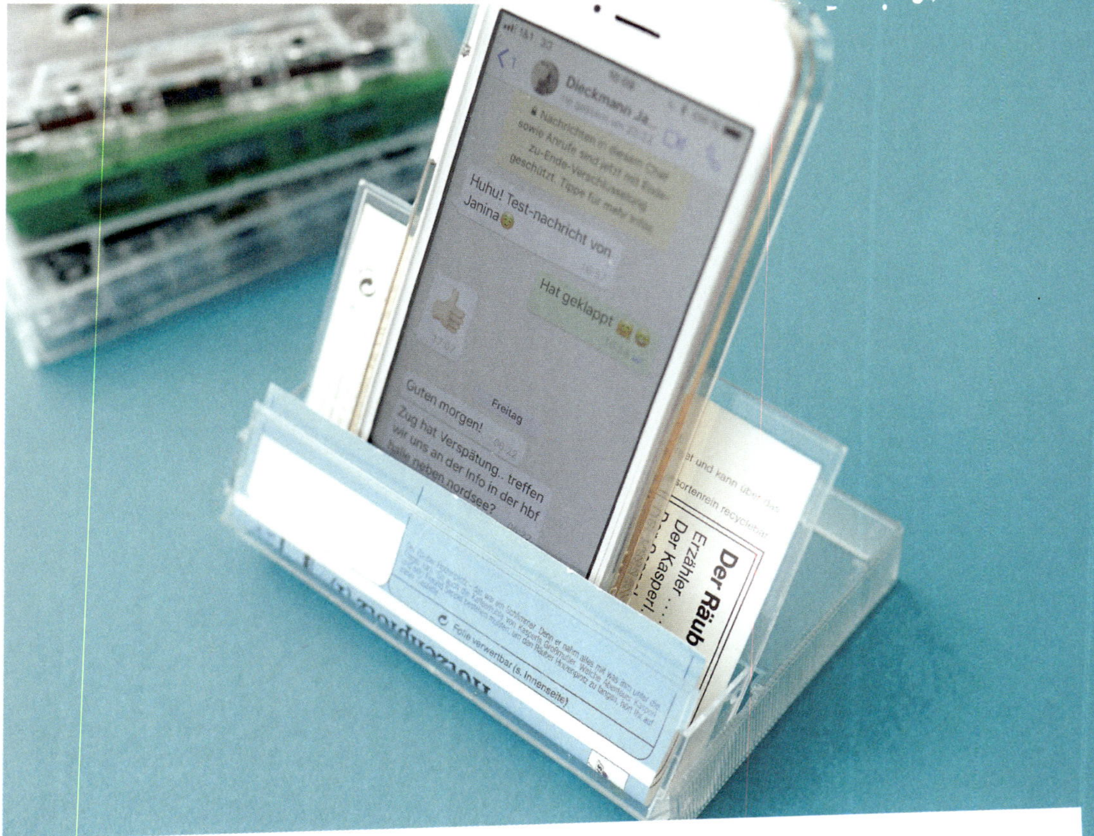

Kassetten aus Kinder- und Jugendtagen solltest du auf keinen Fall entsorgen, denn dafür gibt es auf Flohmärkten oder auf Online-Marktplätzen jede Menge Abnehmer. Nicht wegwerfen solltest du außerdem die Kassettenhüllen, denn sie eignen sich hervorragend als Smartphone-Ständer. Einfach umdrehen und dein Telefon hineinstellen.

Die Hülle macht sich auch gut als stylisches Portemonnaie oder als Aufbewahrungsort für EC-Karten & Co. Allerdings musst du beim Öffnen vorsichtig sein, damit nichts herauspurzelt.

12 BÜCHERTISCH

Alte Bücher kannst du prima auf dem Flohmarkt verkaufen – oder ihnen via Upcycling ein zweites Leben schenken. Einen coolen Beistelltisch kannst du anfertigen, indem du alte Bücher leicht versetzt aufeinander stapelst. Zum Schluss stellst du einfach ein Tablett oder ein altes Holzbrett oben drauf – fertig.

Welche Temperatur sollte man eigentlich bei Kühltruhe und Kühlschrank einstellen? Im Prinzip reichen minus 17 Grad bei der Truhe und 7 Grad beim Kühlschrank. Wichtig ist außerdem, dass du den Kühlschrank nicht neben warme Orte wie Heizung und Spülmaschine stellst, denn dann muss er mehr arbeiten. Außerdem solltest du ihn etwas von der Wand abrücken, damit der Rückkühler richtig arbeiten kann.

Kühlst du bei 7 Grad statt bei 5 Grad, sparst du rund 20 kg CO_2 im Jahr.

13

-17 +7

14 RESTWÄRME NUTZEN

Schalte Herdplatte und Ofen 15 Minuten vor Ende der Garzeit aus und verlass dich auf die Restwärme. Dadurch sinkt der Stromverbrauch um rund 20 Prozent.

Entscheide dich beim Neukauf für einen Induktionsherd. Er ist am effizientesten.

15

LICHT IM GLAS

Leuchten, bei denen man die Glühlampen sehen kann, liegen voll im Trend. Aus großen, leeren Einmachgläsern mit Schraubdeckel kannst du diese ganz einfach selbst herstellen und vermeidest auch noch Glas-Müll.

1

Lege ein 2-Euro-Stück mittig auf den Deckel und zeichne eine Linie drumherum.

Nun legst du den Deckel auf eine nagelfeste Unterlage, hältst ihn gut fest und schlägst mithilfe von einem Nagel und einem Hammer Löcher entlang der Linie in den Deckel, je näher, desto besser. Danach kannst du die Mitte mithilfe eines Messers aus dem Deckel brechen.

Jetzt kannst du eine LED-Glühbirne ganz einfach durch das Loch stecken und auf der anderen Seite in eine Lampenfassung drehen.

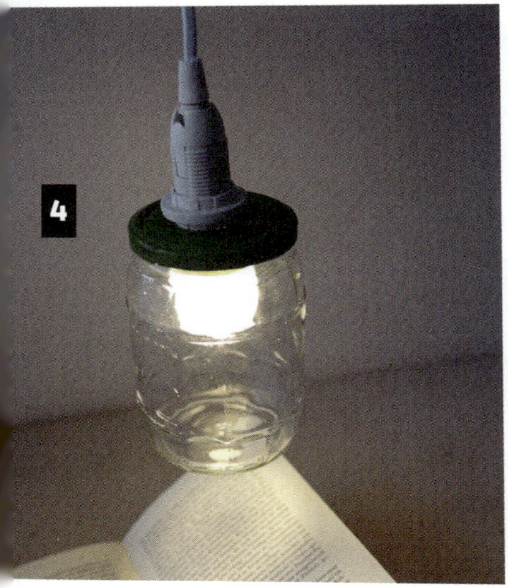

Zum Schluss drehst du den Deckel wieder aufs Einmachglas.

Klebst du einen Aufkleber an deinen Briefkasten mit der Aufschrift „Bitte keine Werbung“, erhältst du in Zukunft keine nervigen Werbeprospekte mehr und ersparst dir einen riesigen Berg an Papiermüll – und Plastik, denn meistens sind die Prospekte auch noch überflüssigerweise in Folie eingeschweißt.

16

BITTE KEINE WERBUNG

17

AUF E-MAIL UMSTELLEN

Egal ob Bank oder Stromanbieter – die meisten Firmen bieten mittlerweile an, Postsendungen auf E-Mail umzustellen. Kontoauszüge, Kreditkartenabrechnungen und Rechnungen kannst du so ganz bequem digital abspeichern und dir damit jede Menge Papierkram sparen.

18 BÜCHERREGAL

Ein Regal kannst du auf die gleiche Art und Weise bauen wie den Tisch auf Seite 19. Staple einfach 5–8 Bücher, die du nicht mehr lesen möchtest und die ungefähr gleich dick sind, aufeinander und lege ein Regalbrett darauf. Danach kommt die nächste Schicht Bücher und ein weiteres Regalbrett. Wenn deine Wunschhöhe erreicht ist, kannst du das Regal füllen.

Der CD-Player wurde längst aussortiert, aber deine ganzen CDs liegen noch immer zu Hause im Regal und verstauben? Im Garten finden sie einen neuen Nutzen, und zwar als Vogelschreck fürs Gemüsebeet. Einfach hier und dort in die Gemüsebeete hängen, dann halten die Piepmatze Abstand.

CDs auch ins Hochbeet stecken.

19 VOGELSCHRECK

Aus Zitrusfrüchten und Essigessenz kannst du einen effektiven, umweltfreundlichen Allzweckreiniger herstellen.

Schäle ein paar Zitrusfrüchte deiner Wahl, zum Beispiel Zitronen, Orangen oder Grapefruits.

Nun gibst du die Schalen in ein großes Einmachglas mit Schraubdeckel

20 ALLROUND-TALENT

Fülle das Glas mit Essigessenz und Wasser 1:1 auf und lass es danach zwei Wochen lang ruhen.

3

4

Danach gießt du das Ganze durch ein Sieb und verdünnst es noch mal 1:1 mit Wasser.

Nun gießt du die doppelt verdünnte Essigessenz mithilfe eines Trichters in eine leere Sprühflasche und legst los.

5

Natursteinböden, Gummi und Silikon sind kein Fan von diesem Reiniger. Wenn du unsicher bist, ob Böden & Co. den Reiniger vertragen, testest du ihn am besten erstmal an einer unauffälligen Stelle.

Deine Kids schlecken im Sommer gerne mal ein Eis am Stiel? Gut, Eis selbst zuzubereiten ist zwar besser, aber wenn es doch mal ein gekauftes Eis geben soll, unbedingt die Holzstiele aufbewahren. Im nächsten Frühjahr kannst du damit deine frisch ausgesäten Gemüsebeete kennzeichnen – oder deine Kräutertöpfe verschönern.

Wie du für deine Kids leckeres Eis zubereitest, erfährst du auf Seite 203.

21 KLEINE HELFER

22 VERTIKALES GÄRTNERN

Viele Verpackungen machen auch im Gewächshaus oder auf dem Balkon eine gute Figur – vor allem, wenn du sie übereinander an der Wand anbringst. Besonders Kräuter und Sukkulenten gedeihen prächtig in Konservendosen, oben aufgeschnittenen PET-Flaschen oder leeren Teedosen. Manchmal findet sich auch im Kinderzimmer das eine oder andere Gärtner-Gefäß, zum Beispiel im Strand-Eimer oder in einem Bagger. Deinen Kids gefällt's ganz sicher, wenn ein bepflanzter Bagger von der Decke baumelt.

Dosen farbig ansprühen – am besten natürlich mit biologisch abbaubarer Farbe.

Aus einem alten Polo-Shirt, das du nicht mehr anziehen möchtest, kannst du noch ganz easy ein hängendes Utensilo basteln. Einfach auf links drehen, in der Mitte horizontal abschneiden und den unteren Rand mit der Nähmaschine schließen. Danach zurück auf rechts drehen, auf einen Kleiderbügel ziehen und aufhängen. Perfekt zum Aufbewahren deiner Gürtel-Sammlung, für Socken und Unterwäsche.

Auch Wäscheklammern fühlen sich hier wohl.

23 ENTSPANNT ABHÄNGEN

Bücherseiten machen sich prima als Geschenkpapier. Einfach mithilfe eines Cutters sauber aus dem Buch heraustrennen und deine Geschenke darin einwickeln. Klebst du mehrere Seiten zusammen, entsteht eine Geschenktüte.

Tüte mit Fotos bekleben, bemalen oder mit einem schönen Stempel verzieren.

24 GUT VERPACKT

25

BIERDOSEN MAL ANDERS

Getränkedosen lassen sich sehr gut recyceln, sind aber dennoch ökologisch fragwürdig, denn sie werden unter einem sehr hohen Energiebedarf hergestellt. Grundsätzlich solltest du also besser zu Getränken in Glasflaschen greifen. Kommen dir trotzdem ein paar Dosen ins Haus, kannst du daraus coole Teelichthalter oder gar einen Adventskranz basteln.

Entferne den Deckel der Dose mit einem Dosenöffner.

1

Nun mit dem Cutter stylishe Muster, Buchstaben oder für den Adventskranz die Zahlen 1–4 hineinschneiden.

Dosen mit einer umwelt-freundlichen Bastelfarbe bemalen oder ansprühen.

Zum Schluss ein Tee-licht hineinsetzen und anzünden.

Aus einer alten Jeans und einem Bilderrahmen kannst du ein cooles Mini-Utensilo basteln, das garantiert nicht jeder hat. Schneide dazu die Rückseite deiner Jeans in Bilderrahmengröße aus – und zwar so, dass die Taschen ganz bleiben. Nun entfernst du das Glas bzw. die Plastik-Vorderseite aus dem Rahmen und spannst die Jeans hinein. In der Tasche kannst du nun Stifte oder einen Kamm aufbewahren oder mit Wäscheklammern Polaroids daran befestigen

---

Funktioniert auch mit Jeans-Hemden.

26 JEANS-UTENSILO

Ausrangierte Männerhemden lassen sich mit wenigen Handgriffen zu einem schicken Kissenbezug umwandeln. Schneide das Hemd auf Kissengröße (+ je 2 cm Zugabe) zu, sodass die Knopfleiste mittig ist. Nun drehst du den Stoff auf links und vernähst alle Seiten. Zum Schluss zurück auf rechts drehen und mit einem Kissen füllen.

Die Ärmel-Säume kannst du in Zukunft als Serviettenring benutzen.

27 HEYHO HEMD!

28 SEI DEIN GAST

Wie sagt man so schön: Warum in die Ferne schweifen, wenn das Gute liegt so nah? Statte deiner örtlichen Touristeninformation also mal wieder einen Besuch ab und tu so, als wärst du Gast in deiner eigenen Stadt und Umgebung. Jede Wette, dass es diverse Freizeitangebote gibt, von denen du noch nie gehört hast, genau wie Sehenswürdigkeiten, die du nur von außen oder gar nicht kennst. Machst du Ferien in deiner eigenen Stadt, sparst du also nicht nur jede Menge Geld, sondern auch Emissionen.

Auch Reiseblogger haben tolle Tipps auf Lager und viele Angebote schon getestet. Einfach „Reiseblog“ und deinen Heimatort googeln.

Beim Kochen entstehen zahlreiche Abfälle wie Karottenschalen, Kräuter-Stängel & Co. Sammle die gewaschenen Reste peu à peu in einem Behälter im Tiefkühlfach, bis du 4–5 Handvoll zusammen hast. Danach gibst du alles in einen Kochtopf, bedeckst die Reste mit Wasser und kochst sie für 45–60 Minuten. Nun lässt du alles noch 2 weitere Stunden ziehen. Sud durch ein Sieb abgießen, mit Salz und Pfeffer würzen und als Basis für eine leckere Gemüsesuppe verwenden.

Füllst du die Suppe in Eiswürfel-Behälter, kannst du damit bei Bedarf Soßen und Suppen würzen statt Gemüsebrühe-Pulver zu verwenden.

29

SAMMEL-SUPPE

30 RESTE-SMOOTHIE

Aus übrig gebliebenen Obstresten kannst du leckere Smoothies machen, selbst wenn das Obst schon leicht mitgenommen aussieht, zum Beispiel nach einem Tag in der Schul-Tupperdose deiner Kids. Einfach klein schneiden, pürieren, mit etwas Wasser auffüllen und eiskalt genießen.

Auch Gemüsereste machen sich hervorragend im Smoothie, zum Beispiel Möhren, Grünkohl, Spinat oder Feldsalat.

Bonbon-Dosen solltest du nicht wegwerfen, sondern unbedingt aufbewahren. Im Urlaub können sie dir nämlich viele gute Dienste leisten und sorgen dafür, dass nichts im Rucksack oder im Koffer herumfliegt. Schmuck, Medikamente, Gewürze – damit hast du alles schnell parat.

Dosen beschriften, damit du weißt, was drin steckt.

31 PRAKTISCHE DÖSCHEN

32 PICKNICK

Eier- und Schokokuss-Kartons solltest du unbedingt aufbewahren, denn darin kannst du druckempfindliche Speisen wie Trauben, Pflaumen oder Tomaten prima transportieren.

Beide Verpackungen machen sich auch gut als Anzucht-Töpfchen, siehe Seite 122.

Gerade in den Ferien locken Tierparks und exotische Aquarien mit Vergünstigungen für die ganze Familie oder besonderen Aktionen. Im Sinne des Tierschutzes solltest du diese Institutionen jedoch nicht unterstützen, denn auch wenn sich die Haltung der Tiere in den letzten Jahren bereits verbessert hat, ist sie noch lange nicht artgerecht. Vor allem große Tiere wie Elefanten & Co. haben dort viel zu wenig Platz zum Leben und müssen sich den ganzen Tag von einer Schar von Touristen ansehen und sogar anfassen lassen. Das entspricht jedoch ganz und gar nicht ihrem Naturell, weshalb du Zoos besser nicht besuchen solltest. Das Gleiche gilt übrigens auch für Zirkusse, in denen Tiere auftreten müssen.

33

ZOO? NEIN DANKE!

Möchtest du deinen Kids trotzdem gerne ein paar Tiere zeigen, solltest du einen schönen Bio-Bauernhof besuchen. Hier haben Kühe, Pferde und Ziegen in der Regel jede Menge Auslauf und führen ein friedliches Leben.

34

FÜR WINDELPUPSER

Windeln sind nicht nur teuer – sie produzieren auch Unmengen an Müll. Stoffwindeln sind eine tolle Alternative, da sie nach Benutzung bei 60 Grad gewaschen werden können und somit mehrfach verwendbar sind. Falls du Angst hast, dass bei den Stofftüchern etwas daneben gehen könnte, brauchst du dich nicht zu sorgen. Darüber kommt nämlich noch eine Windel-Überhose, die alles an Ort und Stelle hält.

Sie duften herrlich, aber in vielen Feuchttüchern stecken leider gesundheitsgefährdende Konservierungsmittel. Außerdem produziert man damit jede Menge Müll. Umweltfreundlicher ist es, wenn du deine Feuchttücher selbst herstellst, zum Beispiel aus alten Shirts, Bettwäsche oder Handtüchern, die du nicht mehr benutzen möchtest. Eingetunkt in Kokosöl reinigen sie den Baby-Popo hervorragend – und du kannst sie danach gleich in die Wäsche geben, waschen und erneut verwenden.

35

SOFTE BABY-POPOS

WOHNEN UND HAUSHALT

Widerspenstige Folienverpackungen lassen sich leichter öffnen, indem du je eine Münze vor und hinter der Aufreißnaht platzierst und die Münzen gegeneinanderdrückst.

36

37

SCHÖNE SPITZE

Erhitze den Kunststoffdeckel einer Flasche vorsichtig über einem Teelicht und drücke mit einem stumpfen Spieß eine Spitze durch das weich gewordene Plastik. Nach dem Abkühlen die Spitze abschneiden. So kannst du alle Arten von Flüssigkeiten sparsam dosieren.

Die dünne Spitze eignet sich auch perfekt, um Kuchen mit flüssiger Kuvertüre zu verzieren.

Aus einem Kunststoffkanister kannst du mit einem Teppichmesser eine kleine Schaufel schneiden.

Je nach Form des Kanisters kann die resultierende Schaufel anders aussehen. Solange ein Griff am Kanister ist, sollte aber auf jeden Fall eine Schaufel herauskommen.

38 KANISTERSCHIPPE

39
MIEF ADE!

Einen müffelnden Spülschwamm mit Wasser durchfeuchten und für zwei Minuten in der Mikrowelle erhitzen. Nach dem Abkühlen riecht der Schwamm wie neu!

Wenn der Schwamm schon mal an Ort und Stelle ist: Am besten gleich die Mikrowelle ausputzen.

40

SPÜLPISTOLE

Eine Sprühflasche mit einem Teil Spülmittel und neun Teilen Wasser füllen. So lässt sich das Spülmittel flächig auf das Geschirr aufbringen und du benötigst weniger von der „Porzellanseife“.

41

FELLSEIFE

Wickle ein Stück handelsübliche Seife in mehrere lose Streifen bunter Wolle ein.

Tauche das Seifenstück mitsamt Hülle in Wasser und reibe die Wolle fest in die Seife ein, sodass die Wolle verfilzt.

Spüle den Schaum unter fließendem Wasser weg und lass die Seife an der Luft trocknen.

Fertig ist ein einfaches, aber beeindruckendes Geschenk!

Schneide ein Stück Backpapier auf die Größe der Reibefläche deiner Küchenreibe zu und drücke es vorsichtig darauf fest, sodass die Zähne der Reibe durch das Papier stechen. Nun kannst du nach dem Reiben den Abrieb mitsamt dem Papier abnehmen und diesen mit einem Löffel vom Papier abstreifen.

Die Reibe bleibt auf diese Weise sauber und der Aufwand beim Reinigen ist geringer.

42

ORDENTLICHER ABRIEB

43

ALUFOLIEN-SCHWAMM

Zusammengeknüllte Aluminium-Folie eignet sich hervorragend als improvisierter Reinigungsschwamm für hartnäckige Verkrustungen.

Nicht geeignet für beschichtete Töpfe und Pfannen!

44

SAUBERES HOLZBRETT

Halbiere eine Zitrone und reibe mit einer der Hälften und grobem Salz gründlich auf dem Holzbrett umher. Anschließend kurz mit heißem Wasser abspülen – sauber ist das Brett.

Holzbretter oder Kochlöffel nie über längere Zeit in Wasser einweichen, da das Holz sonst aufquillt und sich verformt.

Bewahre zusammengelegte Bettdeckenbezüge in den dazu gehörenden Kissenbezügen auf. So sind immer alle benötigten Teile mit einem Griff parat.

45

SCHNELLER BETTFERTIG

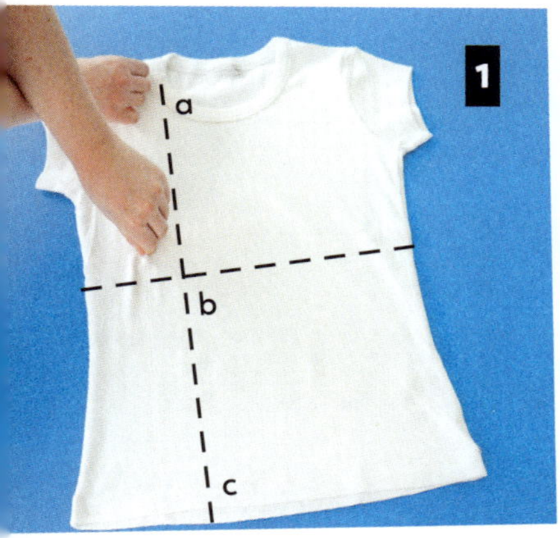

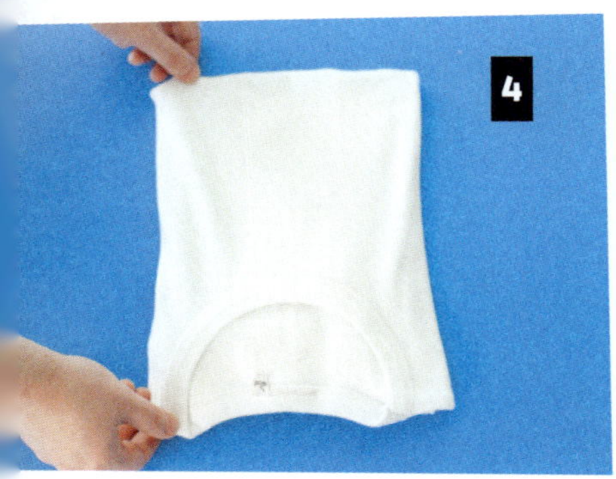

46 FALT SHUI

So falten die Japaner Shirts. Mit etwas Übung kannst auch du T-Shirts mit einem Handgriff zusammenlegen.

1. Greife das Shirt wie abgebildet. Der linke Arm greift über den rechten Arm.

2. Führe Punkt a zu Punkt c und halte beide zusammen fest.

3. Hebe beide Arme an, sodass das Shirt in der Luft hängt.

4. Lege das Shirt mit den Ärmeln zuerst ab und klappe es auf der Vorderseite nach oben mittig zusammen.

47

LAKEN-FALTKUNST

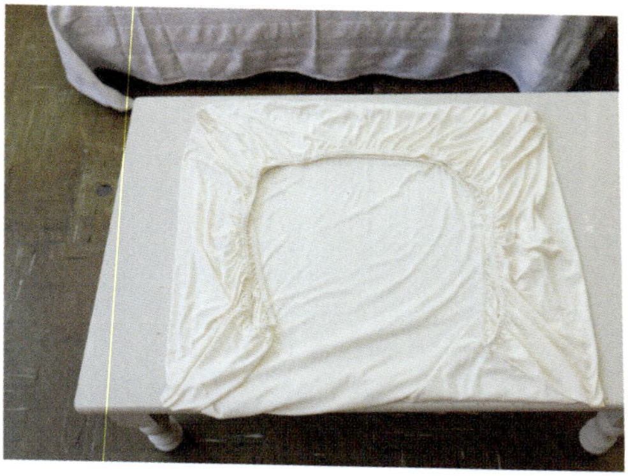

1. **Die Vorderseite des Bettlakens zeigt nach außen (von dir weg). Stecke die unteren Ecken auf links in die oberen.**

2. **Das Bettlaken ist mittig vorgefaltet. Nun ablegen, die Ränder gerade ziehen, damit ein Rechteck entsteht.**

3. **Die Seitenkanten zur Mitte falten.**

4. **Das Tuch noch einmal mittig zusammenfalten.**

5. **Den Streifen zusammenfalten.**

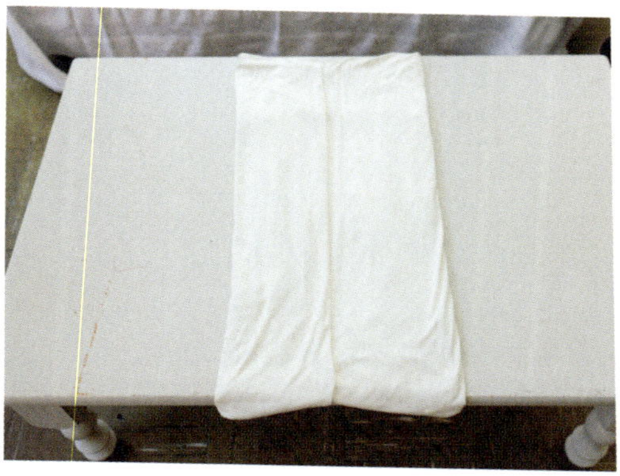

Leere Klopapierrollen helfen, Kabel in Schachteln und Schubladen zu organisieren.

48

ORDNUNG IN DER KISTE

49

LADESTATION

Mit wenigen Schnitten wird aus einer Kunststoffflasche ein Halter fürs Mobiltelefon und andere Kleingeräte, die du mit dem Stecker des Ladegerätes direkt an der Steckdose anbringen kannst.

Nutze Brotbeutel-Clips als Kabelbinder und beschrifte sie mit einem Folienstift, um immer zu wissen, welches Kabel zu welchem Gerät gehört.

50 ZUSAMMENHALT

51 FARBCODE FÜR KABEL

Dünne Kabel an beiden Enden mit Kunststoffsteckperlen farblich markieren, um den Anfang bzw. das Ende leichter wiederzufinden. Die Perlen dafür an einer Seite mit einer Nagelschere aufschneiden und zum Aufstecken mit der Scherenspitze etwas auseinanderdrücken.

52

MIT KABELBINDERN KABEL BINDEN

Ordnung ins Kabelchaos bekommst du, wenn du einen langen Kabelbinder lose um die zu fixierenden Kabel ziehst…

… und zwischen den Kabeln sowie über dem langen Kabelbinder weitere kleinere Kabelbinder befestigst.

Abschließend alle Kabelbinder vorsichtig und gleichmäßig festziehen, und nichts verrutscht mehr!

53

HÄNGE-HANDY

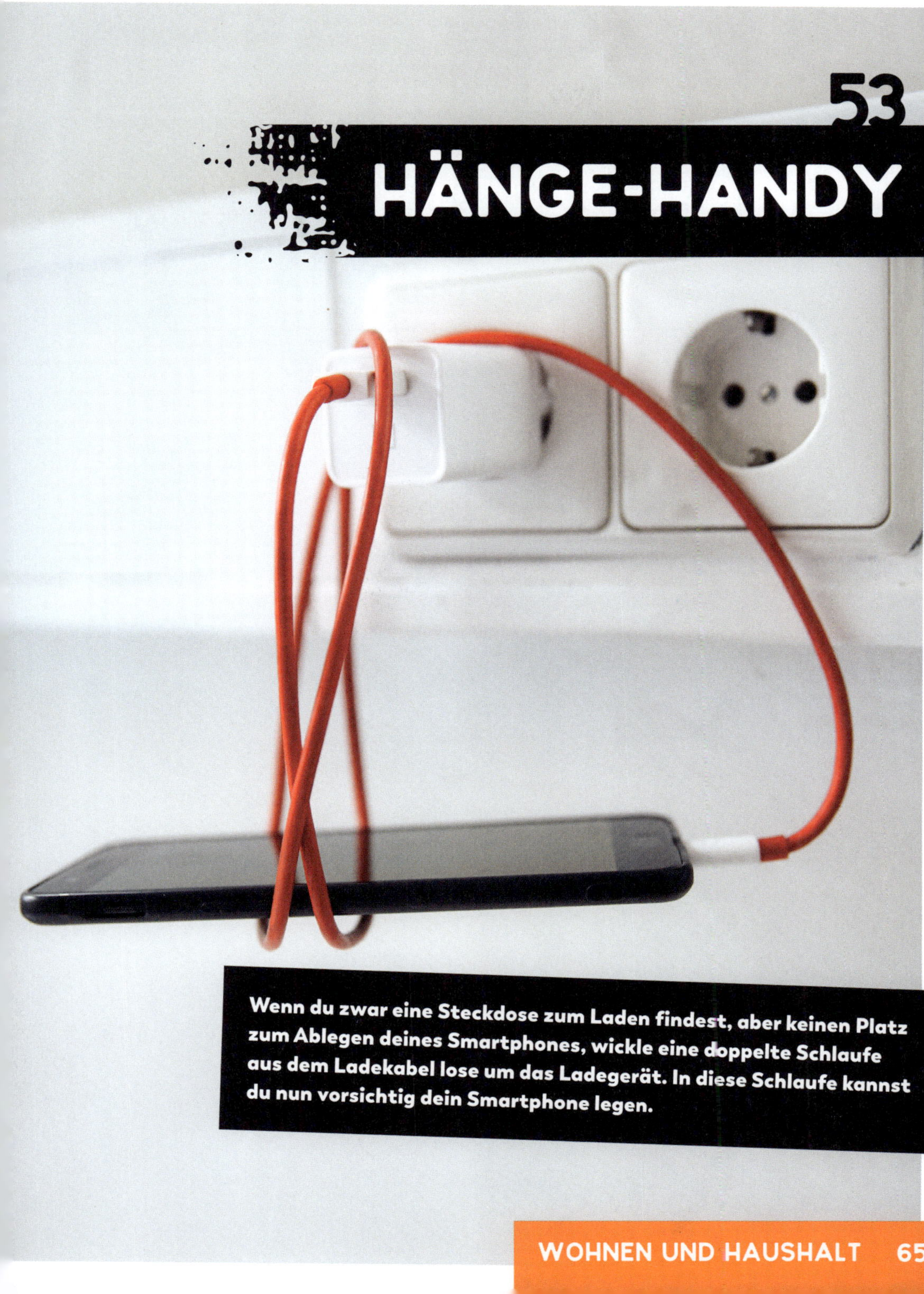

Wenn du zwar eine Steckdose zum Laden findest, aber keinen Platz zum Ablegen deines Smartphones, wickle eine doppelte Schlaufe aus dem Ladekabel lose um das Ladegerät. In diese Schlaufe kannst du nun vorsichtig dein Smartphone legen.

54 TÜTENTRICK

Öffne Verpackungen, indem du einen schmalen Streifen der Verpackung am oberen Ende abschneidest. Diesen kannst du dann verwenden, um die Tüten zuzubinden.

Willst du die Tüte wieder öffnen und der Knoten sitzt zu fest, einfach die beiden losen Enden fest einzwirbeln und gegeneinanderdrücken.

55 KÜHL-SCHRANK-KÖRBE

Sortiere Lebensmittel im Kühlschrank in verschiedene Körbe und Kisten ein. So lassen sich beispielsweise alle Frühstücks-Utensilien mit nur einem Griff aus dem Kühlschrank nehmen.

So lässt sich der Kühlschrank auch schnell ausräumen und reinigen.

Lackiere die Griffe deiner Schlüssel mit verschiedenfarbigem Nagellack, damit du sie unterscheiden kannst.

Du kannst mit Nagellack auch andere kleine Flächen streichen. Spart den Kauf von Farbdosen.

56

BUNTE SCHLÜSSEL

57

FAHNDUNGSFOTO

Mache ein Foto mit der Person und dem Gegenstand, den du ihr ausleihst. Auf diese Weise erinnern sich alle Beteiligten daran.

Grundsätzlich sollten Vertrauen und ein gutes Erinnerungsvermögen die Basis des Verleihens sein.

Nutze ein breites Gummiband, damit eine Tür beim Zufallen nicht schließt.

Bei Türen, bei denen Türgriff und Schnapper nicht auf einer Höhe sind, kannst du dich mit Malerband behelfen.

58 GUMMI-BAND-SPERRE

59 PARK-ASSISTENT

Hänge von der Decke der Garage einen Tennisball an einem Faden auf, der die Windschutzscheibe deines Wagens berührt, wenn du weit genug hineingefahren bist.

Um den Faden zu befestigen, mache einen dicken Knoten in das Fadenende. Schneide einen Schlitz in den Tennisball und stecke den Knoten hinein.

60 GARAGENWAND-GUMMIERUNG

Eine halbe Schwimmnudel an der Garagenwand schützt die Pkw-Tür beim Öffnen.

Die Schwimmnudel mit einem Cutter halbieren und mit doppelseitigem Klebeband an der Wand befestigen.

61 TÜRNUDEL

Ein Stück von einer Schwimmnudel längs aufschneiden und an der Tür befestigen.

So sind auch bei einem Windzug kleine Kinderhände vor einer zuschlagenden Tür geschützt.

Den Ersatzschlüssel für die Haustür in ein kleines Döschen oder Schraubglas legen. Den Deckel mit einem Tannenzapfen bekleben. Dann das Döschen einbuddeln, sodass nur der Zapfen herausschaut.

Den Deckel kannst du auch mit einem Stein oder anderen Gegenständen bekleben, falls keine Tanne in der Nähe ist.

62 GUT GETARNT

63

DEKO-REGAL

Zeitschriftenhalter seitlich gedreht in eine Zimmerecke schrauben. Etwas unterhalb der gewünschten Oberkante Löcher vorbohren und beim Festschrauben Unterlegscheiben verwenden, damit die Löcher nicht ausreißen.

64 KLOROLLEN-LUFTERFRISCHER

Einige Tropfen ätherisches Öl von innen auf die Pappe einer Toilettenpapierrolle getropft, sorgen für anhaltenden Duft in Bad und WC.

Durch die Reibung der Papprolle am Toilettenpapierhalter wird immer wieder ein wenig Duft freigesetzt.

Ein Weinglas mit abgebrochenem Fuß kannst du mit etwas lufttrocknender Modelliermasse zu einer kleinen Käseglocke oder einem Mini-Gewächshaus umfunktionieren.

So verfliegt der Ärger über ein versehentlich zerstörtes Glas und man erhält ein individuelles Schmuckstück für den Esstisch oder die Fensterbank.

65

STILVOLL ÜBERDACHT

Mit einer handelsüblichen Plastikflasche, buntem Papier und etwas Klebeband lässt sich ein süßes Sparschwein basteln. Den Münzschlitz kannst du mit einem scharfen Cuttermesser hineinschneiden. Noch besser funktioniert es, wenn du die Klinge vorher über einer Kerze zum Glühen bringst.

Sollte deine Plastikflasche zu lang für die typische Schweinform sein, kannst du auch einfach den Hals und den Boden der Flasche abschneiden, das Mittelteil herausnehmen und die Teile mit Klebeband wieder zusammensetzen. Eine dekorative Papierbanderole lässt die Naht verschwinden.

66 FLASCHENSCHWEIN

1

CD-VERPACKUNG

2

3

Mit wenigen Handgriffen kannst du aus einem Blatt Papier eine CD-Hülle falten.

1. **Die Kanten auf CD-Breite nach innen falten.**
2. **Die oberen Ecken umklappen. Die Unterkante in halber CD-Höhe nach oben falten.**
3. **Den Umschlag in den Schlitz stecken.**
4. **Fertig!**

68

KARTENHALTER

Mit einer Metallfeder kannst du Postkarten und Briefe auf dem Schreibtisch aufstellen.

Je größer der Gegenstand, desto größer muss die Feder sein. Kugelschreiberfedern eignen sich für Visitenkarten.

69

BECHERBOX

Einen Pappbecher gleichmäßig am oberen Rand einschneiden und umfalten. Die Streifen untereinander stecken. Fertig ist die kleine Geschenkbox.

Schneide den gefalzten Rand vorher ab. Die Länge der Einschnitte entspricht der Hälfte des Becherdurchmessers.

Schmilz Schokolade langsam im Wasserbad und gieße sie dann vorsichtig in Plastiklöffel. Im Kühlschrank zwei Stunden aushärten lassen.

Mit bunten Streuseln sehen die Löffel noch mehr nach leckeren kleinen Kunstwerken aus. Die Streusel auf die flüssige Schokolade geben.

70

SCHOKOPARTY

Ein der Länge nach gefaltetes und halbrund gebogenes Blatt Papier in eine Dose Stapelchips hineinschieben. Dann die Dose kippen und die Chips auf dem Papier herausziehen.

Genuss ohne Krümel und eingezwängte Hände.

71

STAPELCHIPS SERVIEREN

72

SCHNEEKETTE FÜRS RAD

Befestige Kabelbinder entlang der Speichen am Fahrradreifen. Diese verhelfen den Reifen auf verschneiten Flächen zu mehr Halt.

Achtung: Der Hack funktioniert nur bei Rädern mit Scheibenbremse! Bei Felgenbremsen können sich die Kabelbinder in den Bremsbacken verhaken.

73

ESSIGSAURES SCHEIBENWUNDER

Sprühe Essig auf die Fahrzeugscheiben, um sie vor dem Einfrieren zu schützen. Mische drei Teile Wasser und einen Teil Essig in einer Sprühflasche.

Wenn die Scheibe schon vereist ist, einfach die Mischung aufsprühen, dann lässt sich das Eis leichter entfernen.

Befestige Stücke von einem Wischmopp unter deinen Hausschuhen. So putzt du beim Herumlaufen den Boden.

74

MOPP-PANTOFFELN

75 DAMPF-REINIGUNG

Bevor du den Innenraum der Mikrowelle putzt, erhitze ein Schälchen mit Wasser für zwei bis drei Minuten darin. Der Dampf weicht angetrocknete Reste auf.

Bei hartnäckigen Verkrustungen kannst du das Verfahren mehrfach wiederholen.

Klebe zwei Holzwäscheklammern „Rücken an Rücken“, also um 180 Grad gedreht, mit Holzleim oder Kraftkleber aneinander: Fertig ist eine praktische Hilfe zum Aufwickeln von Ladegeräten, Kopfhörern und anderen kleinen Kabeln.

Im Bastelbedarf gibt es häufig Dekowäscheklammern in unterschiedlichen Größen, auch in ganz klein für ganz kurze Kabel.

76

KLAMMERAFFE

77

LADEKABEL IN THE BOX

Unschöne Kabelsalate von Ladegeräten lassen sich ganz einfach in dekorativen Boxen verstecken. Wähle eine Box, die groß genug ist, um auch eine Mehrfachsteckdose aufzunehmen. Die Ladegeräte selbst kannst du mit doppelseitigem Klebeband oder Heißkleber auf dem Deckel der Box festkleben.

78 KLAMMERLEINE

Fädle Wäscheklammern durch ihre Metallfeder auf eine Schnur auf. Die Schnur kannst du an die Wand hängen oder quer durch den Raum spannen und Visitenkarten, Fotos, Notizen oder kleine Gegenstände griffbereit daran hängen.

Stülpe eine hübsche, bunte Socke um ein Glas, um einen dekorativen Stiftebehälter zu erhalten.

So kannst du vereinsamte Socken einem neuen Zweck zuführen.

79 SOCKENGLAS

Ein Gewürzregal auf dem Schreibtisch eignet sich zur Organisation von kleinen Büroartikeln.

Auch in der Küche lassen sich neben Gewürzen kleine Gegenstände, wie Verschlüsse oder Gummibänder, darin aufbewahren.

80 BÜROMATERIALLAGER

Lass Orangenschalen zusammen mit Essig für zwei Wochen in einem verschlossenen Schraubglas ziehen. Anschließend in eine Sprühflasche umfüllen – fertig ist ein ungiftiges und gut duftendes Reinigungsmittel.

Damit lassen sich beispielsweise müffelnde Kühlschränke oder Oberflächen im Bad reinigen.

81

ORANGEN-ESSIG-REINIGER

Ein Gummiabzieher eignet sich nicht nur zum Reinigen von Fenstern oder Duschkabinen, sondern entfernt auch zuverlässig Tierhaare von Polstermöbeln und Teppichen.

Haare und Fusseln lassen sich auch mit einer selbstgebauten Fusselrolle entfernen (siehe Seite 93).

82 TIERHAARE ENTFERNEN

83

NEUER SILBERGLANZ

Angelaufenes Silber lässt sich schnell und einfach reinigen, indem du es zusammen mit einem Stück Alufolie in eine gesättigte Salzlösung gibst. Nach wenigen Minuten strahlt das Silber wieder wie neu.

Im Gegensatz zum Polieren mit Polierpaste wird das oxidierte Silber nicht abgeschliffen, sondern chemisch wieder zu Silber umgewandelt.

Doppelseitiges Klebeband auf einer Farbrolle ist ein mächtiges Werkzeug zum großflächigen Entfernen von Fusseln und Haaren.

Tierhaare lassen sich auch mit einem Duschabzieher entfernen (siehe Seite 91).

84 FUSSELROLLE

85 VERTIKALE KEIMFLUCHT

Klemme einen Spülschwamm hochkant in eine Vielzweckklammer. Er trocknet schneller und bietet Keimen weniger Angriffsfläche.

Sollte der Schwamm doch mal müffeln, stecke ihn in die Mikrowelle (siehe Seite 52).

86 BLITZEBLANK

Um eine schmale Glasvase zu reinigen, gib Backpulver hinein und fülle sie mit heißem Wasser auf. Über Nacht stehen lassen und gründlich ausspülen.

Gelingt auch mit Reiniger für Zahnersatz.

87
UN(BE)SCHLAGBAR

Trage eine dünne Schicht Rasierschaum auf den Spiegel auf und putze diese mit Küchenkrepp gründlich ab. Danach bildet sich beim Duschen oder Baden keine Nebelschicht mehr.

Der Trick funktioniert auch mit anderen Arten von Seife, wie Duschgel oder Shampoo.

88

SCHNELLER TROCKNEN

Gib ein trockenes, sauberes Handtuch zur feuchten Wäsche in den Trockner. Das Tuch saugt die Feuchtigkeit auf und beschleunigt insgesamt die Trocknung.

Ein schnellerer Trocknungsvorgang spart Geld und schont gleichzeitig Kleidung und Umwelt.

89

ANTISTATIK

Eine zusammengerollte Kugel Aluminiumfolie im Wäschetrockner verhindert, dass sich synthetische Wäsche statisch auflädt.

Du kannst auch einen Tennisball fest mit Alufolie umwickeln.

90

HEIZUNGSBOOST

Alufolie hinter dem Heizkörper reflektiert Wärme in den Raum und hilft, Energie zu sparen.

Man kann für diesen Lifehack auch die Rettungsdecke aus einem alten Verbandskasten verwenden.

91 STRAHLERKLAR

Vachs hält Scheinwerfer uch bei Frost klar.

rübe Scheinwerfer annst du mit Zahnpasta utzen.

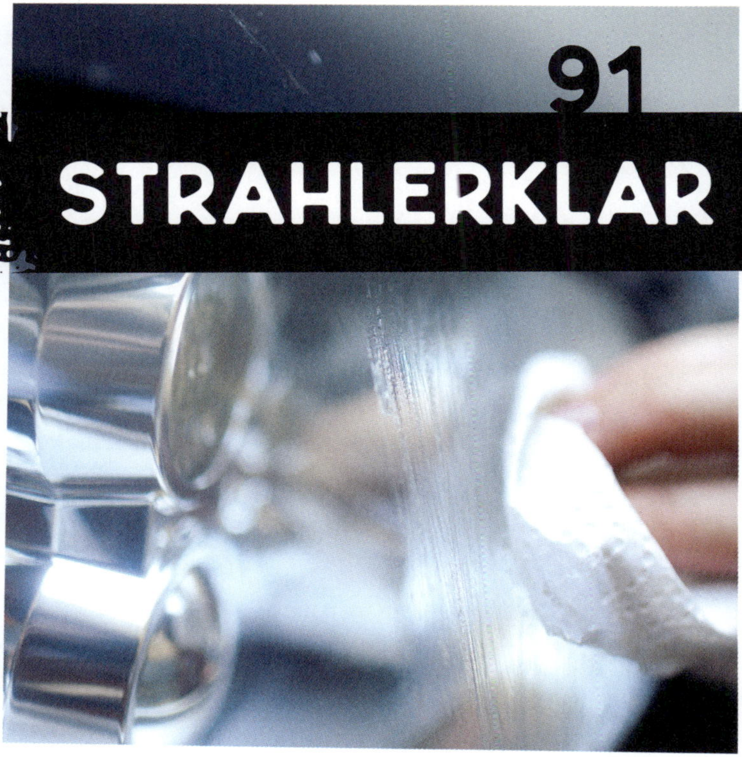

Etwas Reinigungsalkohol auf ein fusselfreies Tuch auftragen und die Scheibenwischer damit vorsichtig reinigen. So hast du ganzjährig klare Sicht und keine Streifen.

Gib Spiritus niemals mit in das Wischerwasser. Er geliert ab minus 14 °C und kann die Düsen verstopfen.

92 STREIFENFREI

93

TACKERN OHNE TACKER

Keinen Tacker zur Hand? So kannst du Papier auch ohne zusammenfassen.

1. **Die Blätter an der Ecke umfalten und zweimal einschneiden.**

2. **Den eingeschnittenen Teil flachdrücken.**

3. **Dann die Laschen vorne und hinten zum Blatt falten.**

4. **Hält.**

94

SCHWEBENDE BÜCHER

Einen Metallwinkel mit Alles- oder Sekundenkleber an die Innenseite des hinteren Buchdeckels kleben und an die Wand schrauben. Nun können Dekorationen oder andere Bücher auf dem Bücherregal platziert werden.

Funktioniert mit gebundenen Büchern ebenso wie mit Taschenbüchern.

PFLANZEN UND GARTEN

Narzissen verblüht, Hyazinthen ausgeduftet, Ostern vorbei … Weg mit dem Grünzeug?! Bloß nicht! Den Zwiebelpflanzen – natürlich ohne ihren Topf – bitte im Garten ein neues Zuhause geben! Die verblühten Blütenstängel darfst du dabei abschneiden, aber nicht die Blätter: Sie braucht die Zwiebel, um Energiereserven fürs nächste Jahr einzulagern.

95

Aus einem leeren Kunststoffkanister kannst du eine einfache Gießkanne basteln, indem du den Deckel abschraubst und einige Löcher hineinbohrst.

Die Löcher lassen sich auch mit einer Rouladennadel hineinschmelzen, die über einer Kerze erwärmt wurde.

96 IMPROVISIERTE GIESSKANNE

Eintönige Blumentöpfe kannst du mit Spitzenborte bekleben und so in stylische Unikate verwandeln. Zum Bekleben eignet sich Holzleim oder Sekundenkleber.

Sieht auch mit breiten Geschenkbändern hübsch aus.

97 DAS IST SPITZE!

Zeit für den Frühjahrsputz: Die Fensterscheibe mit Reiniger einsprühen und mit einem zusammengeknüllten Blatt Zeitungspapier in kreisförmigen Bewegungen trocken polieren.

Bitte kein Hochglanz-Fotopapier aus Magazinen verwenden, es eignet sich nur klassisches Zeitungspapier für diesen Alltagstrick.

98 KLARE SICHT

99 KAFFEEFILTER IM BLUMENTOPF

Ein Stück Kaffeefilter unten im Blumentopf verhindert, dass Erde aus dem Drainageloch rieselt. Überschüssiges Wasser kann dennoch entweichen.

Der Kaffeefilter ist kompostierbar und löst sich mit der Zeit von selbst auf.

100
BLUMENTOPF-STANGE

Eine stabile Metallstange (ausrangierte Gardinenstange) senkrecht in die Erde stecken. Dann Blumentöpfe versetzt auffädeln. Mit Erde befüllen und bepflanzen.

Am Balkongeländer die Metallstange mit Kabelbindern befestigen. Rankende Gewächse können die Metallstange zudem als Kletterhilfe nutzen.

Es gibt Gemüsepflanzen, die brauchen lange, bis sich aus dem Samenkorn ein Pflänzchen zeigt. Damit du sie in der Zwischenzeit nicht zu gießen vergisst oder aus Versehen die Reihe umgräbst, kannst du eine sogenannte Markiersaat machen. Lege alle 15 cm ein Samenkorn einer schnell wachsenden Pflanze mit in die Saatreihe. Diese sprießen schon nach kurzer Zeit und markieren so die Reihe.

Der Klassiker dafür: lahme Möhren + rasante Radieschen!

101 REVIER MARKIEREN

Seedbombs, Seedballs, Samenbomben – diese blühenden Überraschungen haben viele Namen. Sie sollen Grün und Blütenfarben an triste Orte bringen. Und so geht's: Mische 1 Tasse Heilerde aus dem Drogeriemarkt (oder Bentonit aus dem Gartenmarkt) mit 1 Tasse Blumenerde sowie Blumensamen und gib so viel Wasser hinzu, bis sich eine formbare Masse ergibt. Drücke die Masse zu kleinen Kugeln zusammen und lasse sie auf einem mit Zeitungspapier belegten Blech gut durchtrocknen.

Zum Ausbringen wartest du am besten, bis es im Frühjahr kräftig geregnet hat. Dann wird sich der Ball bald auflösen und die Samen beginnen zu keimen.

102

FLOWER POWER!

Für Seedbombs eignen sich zum Beispiel

- Flockenblume
- Klatschmohn
- Kapuzinerkresse
- Kornblume
- Malve
- Margerite
- Natternkopf
- Ringelblume
- Sonnenblume
- Blumenwiesen- oder Bienenweide-Saatgutmischungen aus dem Handel

103

ANTI-LAUS-SEIFE

Blattläuse lassen sich mit einer Mischung aus Wasser und Schmierseife bekämpfen. 2 TL Schmierseife in 1 l Wasser geben und die betroffenen Pflanzenpartien großzügig damit besprühen. Etwas einwirken lassen und die Läuse samt Seifenlösung mit klarem Wasser abbrausen.

Ein richtig gutes Mittel gegen Blattläuse machst du aus ½ l Wasser, 5 großen Knoblauchzehen und 1 Messerspitze Chilipulver. In einem Topf mit Deckel ca. 20 Minuten auf kleiner Flamme köcheln, dann über Nacht weiter ziehen lassen. Abseihen, einen Spritzer Spülmittel hinzufügen, in eine Sprühflasche füllen und die verlausten Pflanzenpartien mit dem Sud besprühen.

Nicht zu viel des Suds vorbereiten! Wenn er ein paar Tage steht, stinkt er kräftig vor sich hin – sogar aus der Sprühflasche heraus. Lieber bei Bedarf wieder neu kochen.

104

ANTI-LAUS-SPRAY

105

BLATT-VAKUUM

Salatblätter bleiben frisch, wenn du sie in eine Gefriertüte gibst und mit einem Strohhalm Luft in die Tüte pustest. Ist sie prall gefüllt wie ein Luftballon, binde sie fest zu und lege sie in den Kühlschrank.

Die Salatblätter vorher waschen, aber nicht zerschneiden.

Wusstest Du das schon? Baby Leaf Salat ist keine bestimmte Salatsorte, sondern ein Mix aus verschiedenen ganz jungen Salat- und Gemüseblättern – wie der Name sagt, Baby-Blätter eben. Du brauchst also keinen teuren „Baby Leaf"-Samen! Kaufe Samen von normalem Pflücksalat, Asiasalat, Rucola und Roter Bete, säe sie aus und schneide die Blätter ab, wenn sie etwa daumenhoch sind.

Wenn du Glück hast, wachsen nach dem ersten Schnitt wieder Blätter nach und du kannst ein zweites Mal ernten.

106

JUNG & LECKER

107

SCHÜTTEL DIE TOMATE, BABY!

Wenn du deine blühenden Tomatenpflanzen öfter (sanft!) schüttelst, erntest du mehr – kein Witz!

Das ist vor allem im Gewächshaus eine clevere Methode, weil die natürlichen Bestäuber – vor allem Hummeln, aber auch Bienen und der Wind – hier kaum zum Zug kommen. Aber auch im Garten oder auf dem Balkon ist es wegen dem beklagenswerten Rückgang der Insekten hilfreich.

108 PFLANZLETTE

Wenn du eine Holzpalette senkrecht an eine Wand stellst, kannst du von oben in die „Füße“ Blumentöpfe hineinstellen. Und schon hast du einen vertikalen Garten geschaffen.

Sichere die Palette bitte vor dem Umfallen. Schraube sie an die Wand oder stelle schwere Kübel davor.

Der schnellste Weg zu eigenen Tomaten: Pflanze eine Tomatenpflanze direkt in einen aufgeschlitzten Sack Erde. Angießen – fertig.

Stelle die Tomatenpflanze am besten an einen überdachten Ort. Sie mag zwar feuchte Erde, aber keinen Regen auf ihren Blättern.

109 TOMATEN IM SACK

RETRO-AMPEL

Einst ein Durchschlag in der Küche – im neuen Leben ein Zuhause für Blumen. Praktisch sind Henkel links und rechts, an denen das Küchenutensil schnell und einfach aufgehängt werden kann.

1 Beginne mit einer Schutzschicht, damit die Erde nicht durch die Löcher im Durchschlag hindurchrieseln kann: Bei kleinen Löchern genügt etwas Küchenkrepp, bei großen Löchern kaufe einen Kokosfaser-Einsatz, den es im Baumarkt für Blumenampeln gibt (siehe Seite 150).

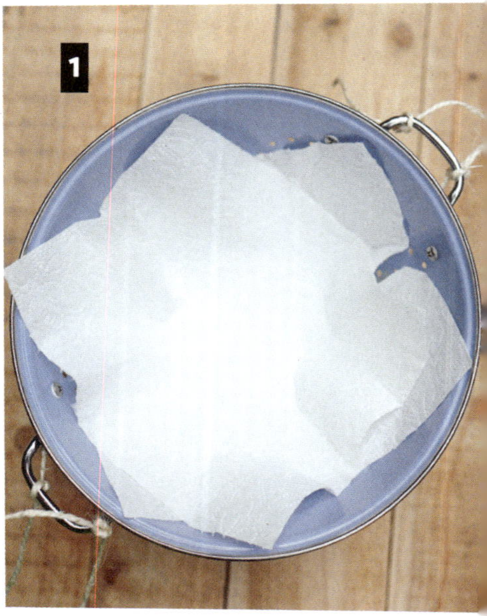

2 Fülle Blumenerde in das Gefäß und knote eine stabile Schnur an die Henkel.

3 Jetzt kannst du den selbst gemachten Hanging Basket bepflanzen.

Es können alle möglichen Dinge als Blumenampel zweckentfremdet werden. Auf Seite 302 findest du eine weitere Idee.

Wenn du für einige Tage im Urlaub bist, kümmern sich ein Eimer und ein Stück Stoff um deine Zimmerpflanzen. Schneide oder reiße aus Baumwollstoff mehrere lange Streifen zurecht. Stelle einen Eimer Wasser etwas erhöht neben deiner Pflanze auf. Dann machst du die Stoffstreifen nass und lässt jeweils ein Ende bis zum Boden des Eimers hängen, das andere Ende steckst du tief in die Erde. Auf diese Weise wird das Wasser in den Blumentopf gesaugt.

Der Stoff sollte aus Baumwolle sein, zum Beispiel von einem alten Geschirrtuch.

111 VERSORGUNG GESICHERT

112

AUF VORRAT

Musst du deine Pflanzen ein paar Tage allein lassen, kannst du ihnen auch einen kleinen Wasservorrat vorbereiten. Bohre in Deckel und Boden einer PET-Flasche jeweils ein kleines Loch von etwa 1 mm – bei größeren Löchern läuft das Wasser zu schnell heraus. Fülle Wasser in die Flasche und schraube den Deckel zu. Stecke sie nun kopfüber in den Topf, den du bewässern willst.

Das Loch im Boden darfst du nicht vergessen. Sonst kann keine Luft nachströmen und das Wasser läuft unten nicht heraus.

113 SALATHERZEN WIEDERBELEBEN

Stelle den Strunk von Salatherzen in eine Schale mit Wasser ans Fenster. Aus der Strunkmitte wächst nach drei Tagen frisches Gemüse nach.

Damit es klappt, schneide den unteren Teil etwas großzügiger ab und wechsle täglich das Wasser.

Schneide den Boden einer Plastikflasche ca. 2 cm hoch ab und bringe daran die Wäscheklammern an.

Mit Farben bemalt, Deko-Klebeband oder Knöpfen beklebt ist der Klammertopf ein würdiger Ersatz für jeden Übertopf.

114 HÜBSCH GEKLAMMERT

115 ANZUCHT-TÖPFCHEN

In einem mit Blumenerde befüllten Eierkarton können Pflanzen für den Garten gezogen werden.

Gereinigte Eisstiele kannst du beschriften und in Blumentöpfe stecken. So weißt du immer, in welchem Blumentopf welche Pflanzen ausgesät wurden.

Auch für Küchenkräuter im Balkonkasten geeignet.

116 AUFZUCHTMARKIERUNG

Ein Mini-Gewächshaus erhältst du, indem du Verpackungen von Obst (z.B. Heidelbeeren), Gemüse (z.B. Mini-Tomaten) oder Sushi mit transparentem Deckel reinigst, mit Watte oder Küchenpapier auslegst und als Anzuchtbehälter für Kresse oder andere Sprossen verwendest.

Noch besser sieht das Gewächshaus aus, wenn du die Verpackung umdrehst und den Deckel bepflanzt.

117 MINI-TROPEN

Schneide eine leere Klopapierrolle an einem Ende gleichmäßig ein und falte die entstandenen Laschen um. Gefüllt mit Erde, Watte oder Zeitungspapierschnipseln kannst du auch darin super Pflanzen ziehen.

Die Pflänzchen später mitsamt der Papprolle in einen Blumentopf oder im Garten einsetzen. Das Papier löst sich im Laufe der Zeit auf.

118 ANZUCHTSTATION

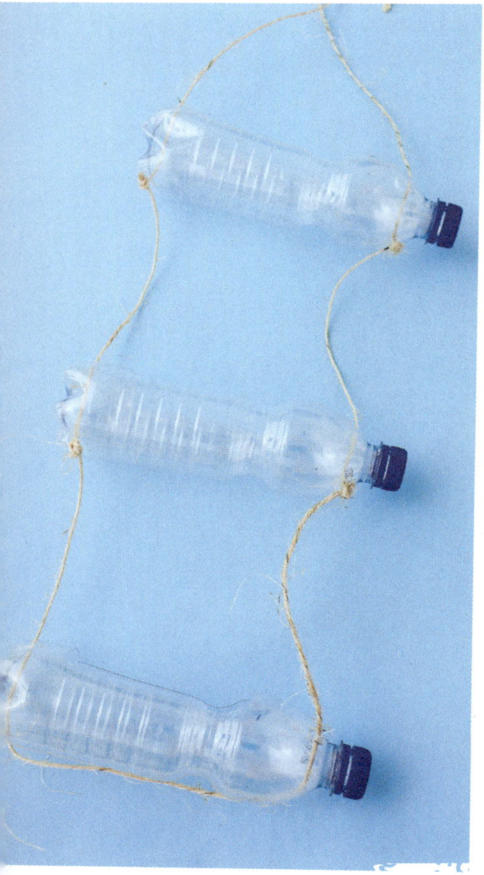

119 VERTIKALER GARTEN

Aus leeren Kunststoffflaschen und Bindfaden lässt sich im Fenster ein vertikaler Garten anlegen.

Die Öffnungen mit einem Cutter einschneiden, Löcher mit einem Metallspieß vorstechen und mit der Scherenspitze weiten. Damit die Flaschen nicht verrutschen, direkt darunter jeweils einen dicken Knoten in den Bindfaden machen.

Frühlingszwiebeln besitzen häufig noch einen Rest Wurzeln, daher kannst du das untere weiße Ende problemlos in einen Topf pflanzen, nachdem du den grünen Lauch für die Küche verwendet hast. So kannst du immer etwas Zwiebellauch ernten.

Frühlingszwiebeln sind absolut pflegeleicht.

120

EIN LAUCH KOMMT SELTEN ALLEIN

IMMER SCHÖN TROCKEN BLEIBEN!

Um deinen Vorrat an Pflanzensamen zuverlässig trocken zu halten, gib ein Tütchen Silicagel mit in deine Samenbox.

Diese typischen Tütchen mit Trockenmittel finden sich in vielen Verpackungen, zum Beispiel für Elektronikartikel, oder in Schuhkartons.

122

VIEL RAUM FÜR WENIG GELD

Aufbewahrungsmöglichkeiten in Gartenschuppen und Garage kann man niemals zu viel haben. Dübele deshalb stabile Holzkisten an die Wand. Unterschiedliche Größen und Macharten sind kein Problem, im Gegenteil: Dann wird es besonders charmant.

Damit zwischen den Kisten kein Spalt zu sehen ist, klemme die Seitenteile mit Vielzweckklammern aus dem Bürobedarf zusammen.

123 ZUGEKNÖPFT

Fädele ein Stück Schnur durch ein Loch eines Knopfes nach vorn, durch das andere Knopfloch wieder nach hinten. Die Schnurenden verknoten. Lege die Schnurschlaufe um den Gegenstand, den du bündeln möchtest, und führe anschließend den Knopf durch die Schlaufe der Schnur.

Du kannst mit der Anbindehilfe auch Pflanzen am Rankstab befestigen.

Schnüre kannst du ganz praktisch und platzsparend auf einem Drahtbügel von der Reinigung verstauen. Ein Schnitt mit dem Seitenschneider oder der Kombizange und du kannst die Schnurknäuel auffädeln.

Damit die Knäuel nicht herunterrutschen, ein Ende des Drahtes an der Öffnung zu einer groben Öse biegen und das andere Ende des Bügels in diese schieben.

124

SCHNUR AUF DEM BÜGEL

125 SCHÖN AUFGERÄUMT

In einem Hänge-Utensilo, das ursprünglich für Büro oder Abstellkammer gedacht war, können Handschaufel, Sprühflasche, Samentüten etc. aufbewahrt werden.

Utensilos aus Kunststoffgewebe sind robust und lassen sich meist auch feucht abwischen.

Schmale Blumengefäße oder Vasen mit engem Hals lassen sich innen mit Eierschalen reinigen. Diese einfach zerbröseln und zusammen mit lauwarmem Wasser und einem Spritzer Spülmittel in die Vase geben, dann gut durchschwenken. Die Reibung der Eierschalen ersetzt das Schrubben mit dem Lappen.

Du kannst statt zerbröselter Eierschalen auch rohen Reis nehmen.

126

VASEN-PEELING

127 WACHSFRISCH

Blumen überstehen einen längeren Transport, wenn du die Stielenden versiegelst. Gib ein paar Kerzenreste ohne Docht in ein altes Gefäß und schmelze sie im Wasserbad, bis das Wachs halbwegs flüssig ist. Tauche die Stängelenden kurz hinein und lasse das Wachs trocknen. Schlage noch ein feuchtes Tuch um die Stängel und packe den Strauß in Papier ein.

Am Ende der Reise schneidest du die gewachsten Stielenden ab und stellst die Blumen ins Wasser.

128

GRAPEFRUIT-FUTTERSTELLE

Das einfachste Futterhaus der Welt besteht aus einer leeren Grapefruithälfte und einem Stück Schnur. Die Schale etwas abtrocknen lassen, dann mit einem Schaschlikspieß knapp unter dem Rand zwei gegenüberliegende Löcher stechen. Eine Schnur hindurchfädeln, verknoten und die Grapefruithälfte aufhängen. Handelsübliches Gartenvogelfutter einfüllen.

Du kannst natürlich auch eine Orange nehmen. Dann wird das Futterhaus etwas kleiner, für Meise und Co. aber immer noch ausreichend.

Mit selbstgemachtem Zwiebelkleber lässt sich Papier hervorragend auf Metall kleben. Zerschneide eine halbe Zwiebel in grobe Stücke und gebe gut 2 TL Zucker darüber. Setze den Saft unbedingt in einem Gefäß mit dicht schließendem Deckel an, denn es riecht richtig heftig zwiebelig. Der Duft verfliegt aber nach dem Kleben. Ein paar Stunden stehen lassen, bis sich Zwiebelsaft gebildet hat.

Übrigens: Der Saft ist durchsichtig, daher musst du beim Aufstreichen nicht akkurat sein.

129

ZWIEBELKLEBSTOFF

ASTIKETT

Aus Astabschnitten lassen sich charmante Pflanzetiketten machen: Schaffe mithilfe eines Sparschälers eine glatte, helle Schnittfläche. Hierauf kannst du mit einem Marker den Namen der Pflanze schreiben.

Das Holz der Äste ist recht hart, du musst die Klinge daher mehrmals an derselben Stelle über den Stock ziehen.

131

AUS NEU MACH ALT

Damit gekaufte Tontöpfe nicht so furchtbar neu und charakterlos aussehen, kannst du sie mit einem einfachen Trick optisch altern lassen. Verrühre Joghurt mit einem Schuss Wasser, bis eine sahneähnliche Konsistenz entsteht, und streiche diese Mischung auf unglasierte Töpfe. Bald sehen sie aus wie mit Ausblühungen übersät.

Statt Joghurt kannst du auch Buttermilch nehmen.

132

MIT DER KRAFT DES EIS

Kalkliebende Kräuter, wie Thymian, Salbei und Lavendel, freuen sich über einen Dünger aus Eierschalen. Diese ganz klein zerbröseln und direkt ins Beet geben.

Übrigens mögen es Schnecken gar nicht, über zerbrochene Eierschalen zu kriechen. Du kannst mit ihnen daher auch kleine „Schutzwälle“ um deinen Salat herum anlegen.

Wenn du Pflanzen aus ihren Töpfchen auspflanzt, kannst du ihnen einen guten Start ermöglichen, indem du eine Handvoll Brennnesselblätter ins Pflanzloch gibst. Darauf eine Handvoll Erde, dann die Pflanze, und los geht's! Die Brennnessel verrottet langsam und gibt Nährstoffe frei, zudem entsteht bei diesem Prozess Wärme – alles sehr günstig für das Anwachsen. Besonders bewährt hat sich der Brennnessel-Starter bei Tomatenpflanzen.

Klappt auch im Kübel auf dem Balkon!

133

GET THE AUSPFLANZ-PARTY STARTED!

134 POWER-ZIMT

Gib ein wenig gemahlenen Zimt auf den Bereich eines Stecklings, der in die Erde kommt. Zimt desinfiziert und soll das Wachstum von Pilzen hemmen.

Um die Aussichten auf Erfolg bei der Vermehrung noch zu erhöhen, lasse die Stecklinge in einem Anzucht-Töpfchen wurzeln. Hier herrscht das richtige Kleinklima (siehe Seite 122).

Kartoffeln bekommen einen Vorsprung, wenn sie im Zimmer vorgekeimt werden. Lege sie dazu am besten in eine Eierpappe.

Beim Einpflanzen im Garten oder in einem Kübel darauf achten, dass die Keime nach oben zeigen.

135 R-EI-FEBESCHLEUNIGER

Wer Kartoffeln im Garten oder Balkonkübel anbauen will, pflanzt normalerweise sogenannte Setzkartoffeln aus dem Gartencenter. Wusstest du, dass du auch die ganz normalen Kartoffeln aus dem Supermarkt einpflanzen kannst, wenn sie Keime gebildet haben?

136
KARTOFFELN AUS DEM SUPERMARKT

137

GEZIELT WÄSSERN

Tue Pflanzen, die besonders durstig sind oder die sich neben bereits etablierten Pflanzen behaupten sollen, etwas Gutes, indem du das Wasser gezielt an ihre Wurzeln leitest. Bohre in eine leere Plastikflasche viele Löcher und grabe sie direkt neben der Pflanze ein. Nur die Öffnung schaut oben heraus – in diese gießt du das Wasser.

Auch für Pflanzen wie die Tomate, die das Benetzen der Blätter mit Wasser anfällig für Krankheiten macht, ist dieser Flaschentrick bestens geeignet.

138

FÜR UMME!

Zweige, die nach dem Gehölzschnitt anfallen und damit völlig kostenlos sind, kannst du zum Stützen deiner Stauden verwenden. Wenn sie ganz frisch sind, lassen sie sich gut biegen. Trockene, verzweigte Äste ergeben aufrechte Stützen.

Auch zum Stützen im Gemüsebeet praktisch, zum Beispiel für Erbsen.

139 HANDARBEIT NACH MASS

Wusstest du, dass die optimale Breite eines Gemüsebeets maximal 1,20 m beträgt? Wegen der durchschnittlichen Armlänge eines Menschen! Bei einem Beet dieser Breite kommt man von beiden Seiten jeweils bequem bis zur Mitte.

So kann man das Beet bearbeiten, ohne es betreten zu müssen – denn dabei würde die Erde verdichtet werden.

140 KRÄUTER-HERZ

Biege einen Drahtbügel aus der Reinigung zu einem Herz – die Aufhängung gibt es auf diese Weise gleich mit dazu. Nun legst du Stück für Stück kleine Kräuterbüschel an und bindest sie mit Bindedraht fest.

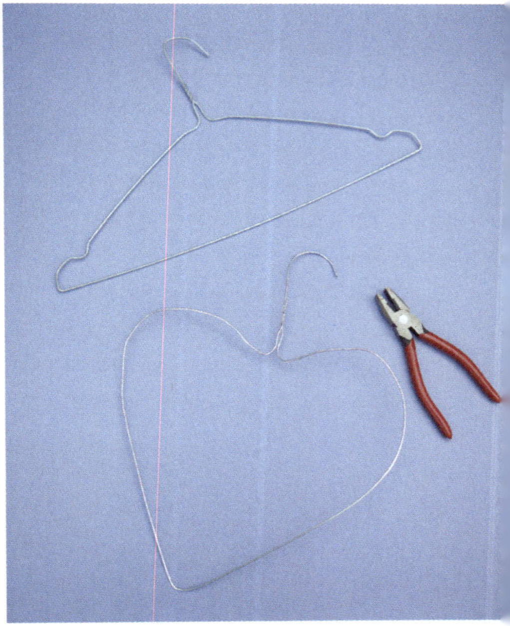

Es eignen sich vor allem Kräuter, die auch getrocknet gut aussehen und Aroma verströmen, wie Lavendel, Rosmarin, Salbei oder Thymian.

141 ETAGENBLUMEN

Vor einiger Zeit waren Hängekörbe der totale Hit. In der Küche sind sie inzwischen ziemlich out. Wo einst Zwiebeln und Äpfel lagen, kannst du nun Blumen einpflanzen. Besorge dir Kokosfaser-Einlagen für Hanging Baskets aus dem Baumarkt oder dem Gartencenter und schneide sie passgenau für die Körbe zu. Erde einfüllen, Pflanzen einsetzen und aufhängen – fertig.

Achtung: Hanging Baskets können sehr schwer werden. Auch das Gießwasser hat einiges an Gewicht. Das solltest du beim Aufhängen bedenken!

142 BLUMENSTIEFEL

Sei erfinderisch! Viele Gegenstände lassen sich zu Vasen umfunktionieren, wie diese Gummistiefel. Stelle ein passendes, mit Wasser gefülltes Gefäß hinein und arrangiere die Blumen darin.

Beim Wassergefäß im Inneren des Stiefels brauchst du nicht wählerisch zu sein: Würstchen-Glas, Trinkbecher, eine aufgeschnittene PET-Flasche ...

Schmale, kleine Vasen wirken elegant, haben beim Reinigen aber ihre Tücken. Aber so geht's: Gib reichlich Wasser in die Vase und füge eine Gebissreiniger-Tablette hinzu. 20 Minuten einwirken lassen und mit klarem Wasser nachspülen.

Saubermachen ist wichtig! Die Bakterien, die sich im Blumenwasser gebildet hatten, warten sonst auf den nächsten Blumenstrauß.

143
SAUBERE SACHE

144
RUSTIKALER CHIC

Du hast nur ein paar einzelne Blütchen und möchtest eine rustikale Deko damit machen? Nimm die kleinsten Tontöpfe, die du finden kannst, und stelle sie über Kopf auf einen Untersetzer. Darunter kommt ein mit Wasser gefülltes Schnapsglas.

Die Blüten durch das Loch im Topfboden in das Schnapsglas stellen – fertig ist die große Show für kleine Blüten!

Für diese Last-Minute-Dekoration musst du einmal in den Party-keller, einmal in den Gartenschuppen: Stecke Schnapsgläschen oder leere Pillendosen in das Loch von Schnurknäueln. Fülle Wasser ein und stelle Blüten hinein.

Besonders schön sieht es aus, wenn du mehrere Schnurknäuel-Vasen zusammen platzierst.

145 UMGARNT

ESSEN UND TRINKEN

Nimm einen Nussknacker als Hebel, um den Drehverschluss einer Flasche aufzubekommen, der sich partout nicht bewegen lassen will.

Funktioniert auch bei festsitzenden Sektkorken.

146

147

FLEISCH FLACH HALTEN

Friere Hackfleisch möglichst flachgedrückt ein, dann lässt es sich schneller wieder auftauen. Wenn du es vor dem Einfrieren in Segmente schneidest, kannst du später ganz einfach kleinere Portionen entnehmen.

Hast du das Hackfleisch bereits in einem Gefrierbeutel verteilt, kannst du es mit einem Bratenwender oder Holzspatel in Segmente drücken.

148

BLITZMAYONNAISE

Gib 1 Ei, 1 TL Senf, ½ TL Salz und 150 ml Pflanzenöl in einen Mixbecher. Stelle die Masse für 10 Minuten in den Kühlschrank. Dann setze den Stabmixer am Boden des Bechers an, beginne zu mixen und ziehe den Mixer langsam nach oben.

Du kannst die Mayonnaise noch mit Kräutern und Gewürzen verfeinern. Mit zwei Knoblauchzehen und etwas Olivenöl erhältst du leckeres Aioli.

Weiches Obst oder gekochtes Gemüse lässt sich mit einem Eierschneider in gleichmäßige Scheiben schneiden.

Mit den gleichmäßig dünnen Scheiben kannst du ein eindrucksvolles Obstmosaik auf den Teller zaubern.

149

SCHNELL GESCHNITTEN

Die Zitrone ein paar Mal fest mit der Handfläche auf dem Tisch hin und her rollen, damit sie gut saftet. Anschließend mit einer Nadel oder einer Messerspitze ein Loch hineinstechen. So lässt sich schnell ein Spritzer Saft entnehmen.

Durch das Rollen auf dem Tisch platzen die Zellen in der Zitrone und sie gibt mehr Saft frei. Die Zitrone nach dem Anstechen kühl lagern und innerhalb weniger Tage verbrauchen.

150

ZITRONENSAFT-SPRITZE

Ein in Achtel geschnittener Apfel bleibt frisch und saftig, wenn du ihn wieder zusammensetzt und mit einem Gummiband zusammenhältst.

Die Schnittflächen liegen eng aufeinander und der Apfel wird langsamer braun.

151

FRISCHE APFEL-SCHNITZE

152

SCHNELLER REIF

Unreife Avocados reifen schneller, wenn du sie zusammen mit einer Banane oder Bananenschale in eine Papiertüte packst.

Ob die Avocado reif ist, erkennst du, wenn du das Stielende abbrichst. Ist das Fruchtfleisch leicht gelblich, ist die Avocado reif.

153

AUSSEN KROSS, INNEN WEICH

Lege zwei Scheiben Toastbrot aufeinander und schiebe sie in den Toaster. Du erhältst den perfekten Toast: Außen schön knackig, innen herrlich weich.

Ideal für BLT-Sandwiches (siehe Seite 184).

154

APFELRESTE-ESSIG

Gib Apfelreste und Zucker (2 EL pro Kilo) in ein Gefäß und gieße das Ganze mit Wasser auf.

1

2

Decke das Gefäß mit einem sauberen Tuch ab.

Ab und zu umrühren, mit der Zeit entsteht Schaum durch die Gährung.

Nach mehreren Tagen ist der Essiggeruch ausgeprägt. Gieße die Flüssigkeit jetzt durch ein sauberes Tuch ab.

Lass den Essig für weitere vier bis sechs Wochen gären und fülle ihn dann durch ein Sieb in saubere Flaschen.

155
KLUMPENLOS

Streue zwei bis drei Marshmallows in deine Dose mit braunem Zucker. Das bewahrt ihn davor, klumpig zu werden. Die Marshmallows saugen die Feuchtigkeit aus dem Zucker auf.

156 SCHWIMMENDE ZITRONEN

Lagere deine Zitronen in einem Einmachglas voller Wasser. Das hält sie für eine längere Zeit frisch.

Der Trick funktioniert natürlich auch mit anderen Zitrusfrüchten wie Orangen oder Limetten.

157

CHEESY-VEGGI-CHIPS

Schneide eine Zucchini in dünne Scheiben, bestreue diese großzügig mit Parmesan und backe sie, bis sie sichtbar Farbe abbekommen haben im Ofen.

Backe Kartoffelschalen im Ofen zu Chips aus, statt sie wegzuwerfen. Einfach Öl drüber, mit Salz und Pfeffer würzen, 15 Minuten bei 200 Grad – lecker!

Am besten schmecken die Schalenchips, wenn du beim Schälen etwas großzügiger bist und mehr Kartoffel an der Schale lässt.

158 SCHALEN-CHIPS

159 FRUIT-POPS

Um spontan leckere Fruchtspieße zu machen, brauchst du: Melone oder anderes Obst, Kuvertüre, Brett, Messer, Topf, Schüssel, Melonenausstecher und Schaschlikspieße.

Schneide die Melone oben auf.

Stich mit dem Melonen-ausstecher Kugeln aus dem Fruchtfleisch.

Spieße nun die Kugeln mit Schaschlikspießen auf.

4

5

Schmilz die Kuvertüre im Wasserbad und wende die Fruit-Pops in der flüssigen Schokolade.

Kurz fest werden lassen – lecker!

6

160

SCHNELLER SPALTER

Nutze einen Apfelschneider, um Kartoffeln in perfekte Wedges zu verwandeln.

Apropos Apfel: Kartoffeln keimen langsamer, wenn man beim Lagern einen Apfel zu den Knollen dazulegt.

161
LOCKER VOM HOCKER

Dein Rührei wird besonders cremig, wenn du einen Schuss Sprudelwasser hinzugießt. Die Kohlensäure lockert die Eier auf.

Mit Maisstärke wird das Rührei richtig schön fluffig.

162
WÜRZIGER ABFLUSS

Um Gerüche im Abfluss zu stoppen, streu etwas Zimt hinein und lass ihn kurz einwirken.

Alternativ kannst du auch Backpulver in den Abfluss streuen und eine halbe Tasse Essig nachkippen.

Um dein Backblech gründlich und umweltschonend zu reinigen, kannst du Salz darauf streuen und es für 30 bis 50 Minuten bei 50 Grad im Ofen backen. Danach das Salz abwaschen – wie neu!

163

BACKBLECH IM SALZMANTEL

Du brauchst: eine reife Avocado, Honig, ungesüßten Kakao, Schüssel, Messer, Gabel, Löffel

Schneide die Avocado in kleine Stücke und gib sie in eine Schüssel.

Streue zwei bis drei Esslöffel Kakaopulver auf die Avocadostücke.

MOUSSE AU AVOCADO

Zerdrücke das Gemisch mit einer Gabel so lange, bis eine gleichmäßige Creme entstanden ist.

4

5

Süße die Avocadomousse mit Honig oder Agavendicksaft.

Zum Schluss kannst du die Mousse noch mit einer Orangenscheibe garnieren.

6

165

DRÜCKEBERGER

Eiersalat kannst du ganz einfach machen, indem du die gekochten Eier mit einer Tasse zerdrückst. Die Konsistenz der Drückeier ist dann genau richtig.

Lohnt sich besonders bei großen Mengen, das geht so viel schneller.

Wenn du keinen Schäler zur Hand hast, bekommst du die Schale einer Ingwerknolle ganz einfach mit dem Löffel ab. Das ist einfacher als mit einem Messer und du schneidest nicht so viel der wertvollen Wurzel ab.

Wirf die Schale nicht weg, sondern koche dir einen leckeren Ingwertee daraus!

166 ABGESCHABT

167

SPRITZIGE PARTYSPIESSE

Schneide das Ende einer Plastik-Spritze mit einem Cutter ab.

Stich jetzt abwechselnd Toastbrot, Wurst, Käse und Gurken aus, um einen Snack-Turm herzustellen.

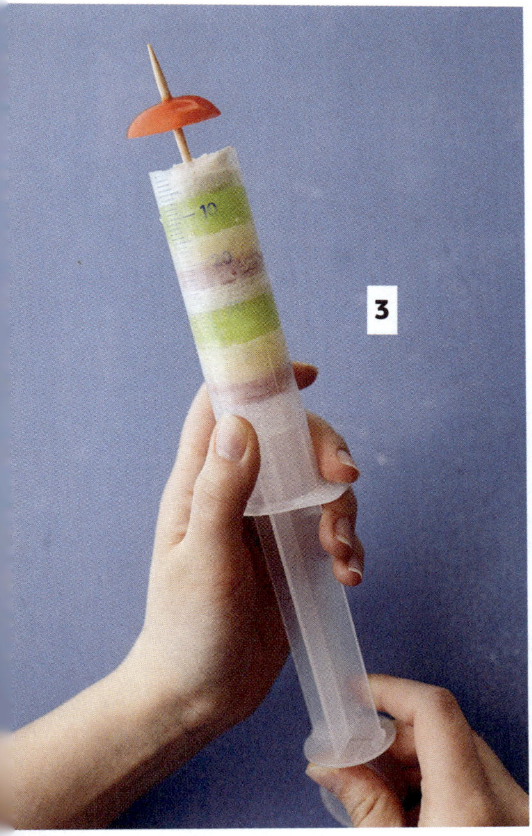

Zum Schluss kommt noch ein Zahnstocher in den Turm, bevor du ihn ganz leicht aus der Spritze drücken kannst.

Die Schichten kannst du variieren, wie du willst.

168

ROLLEN UND SCHNEIDEN

Mit einem Pizzaschneider lassen sich Kräuter klein schneiden.

Wer Spaß am Rollen gefunden hat, kann so auch noch etwas Schinken oder Speck zerkleinern und sich ein leckeres Rührei machen.

169

EIERSCHALE RAUS!

Eierschale in einem aufgeschlagenen Ei lässt sich leichter entfernen, wenn du zuvor die Finger anfeuchtest.

Auch eine der Eierschalen-Hälften kann statt der Finger zum Herausheben des Schalenstücks verwendet werden.

170

KONSTANTE DICKE

Um Teig gleichmäßig dick auszurollen, lege links und rechts Holzbrettchen oder Holzlöffel so ab, dass du das Nudelholz darauf führen kannst.

Die gleichmäßige Dicke des Teiges ist wichtig, damit Plätzchen und Kekse im Ofen nicht unterschiedlich braun werden.

Verflechte sechs halbe Streifen Frühstücksspeck und lege sie auf ein Stück Alufolie. Im Backofen grillen, bis der Speck schön kross ist.

Mit zwei Scheiben Toast (siehe Seite 163), Tomate, Salat und Mayonnaise kannst du daraus ein typisch amerikanisches BLT-Sandwich machen – Bacon (Speck), Lettuce (Salat), Tomato (Tomate).

171

BACKOFEN-SPECK

Kartoffeln mit der Küchenreibe grob raspeln und etwas salzen, das Waffeleisen dünn mit Pflanzenöl bepinseln. Etwas von der Kartoffelmasse gleichmäßig auf dem Waffeleisen verteilen und bei mittlerer Hitze backen, bis das Rösti goldgelb ist.

Durch die Vertiefungen vom Waffeleisen eignet sich dieses Röst hervorragend als Beilage zu Gerichten mit Soße, wie das traditionelle Zürcher Geschnetzelte.

172

RÖSTI AUS DEM WAFFELEISEN

173 KRÄUTER IN ÖL

Um frische Gartenkräuter haltbar zu machen, fülle sie einfach in eine Eiswürfel-Form, übergieße sie mit Olivenöl und friere das Ganze ein.

Auf diese Weise lassen sich größere Kräutermengen auch bequem stapeln.

174 BROWNIES IM WAFFELPELZ

Brownies entstehen in Rekordzeit, wenn du den Teig in einem Waffeleisen backst.

Noch dicker und saftiger werden die Brownies in einem rechteckigen Waffeleisen.

175 IMPRO-GRILL-PFÄNNCHEN

Ein Pfannenwender wird mit Alufolie und etwas Faltgeschick zu einer praktischen Mini-Pfanne für den Grill. Gemüse, Käse und andere Leckereien lassen sich auf diese Weise neben den Würstchen und den Steaks zubereiten.

Achtung: Der Grill wird deutlich heißer als eine Bratpfanne! Verwende daher nur Pfannenwender aus Metall mit einem langen Griff. Holz und Kunststoff könnten der Hitze der Glut nicht gewachsen sein.

176 HOLZ AUF DEM GRILL

Fisch zu grillen ist anspruchsvoll: Der gegarte Fisch kann schnell durch den Rost fallen. Ein Brettchen aus unbehandeltem Buchenholz bewahrt ihn davor und hilft außerdem, ihn bei schonender Hitze zu garen. Das verkohlende Holz fügt dem Fisch außerdem ein angenehmes Raucharoma hinzu. Wer damit in einem verschließbaren Grill zusätzlichen Rauch erzeugen möchte, feuchtet das Holz vor dem Grillen mit Wasser an.

Wenn du einen ganzen Fisch oder ein Fischfilet mit Haut am Lagerfeuer grillen möchtest, kannst du den Fisch auch mit unverzinkten Nägeln auf das Brett nageln und hochkant neben die Flammen stellen.

Bringe einen Sprühkopf auf Flaschen mit Essig, Öl oder dünnflüssigen Würzsoßen an oder fülle sie in Sprayflaschen um, um Speisen gleichmäßig würzen zu können.

Achte darauf, dass du lebensmittelechte Sprühköpfe oder Sprayflaschen verwendest.

177 GEWÜRZSPRAY

178

BRIEFUMSCHLAG-TRICHTER

Ein diagonal zerschnittener Umschlag mit abgeschnittener Ecke ergibt einen praktischen Trichter für trockene Sachen.

Für Flüssigkeiten kannst du die Ecke eines Gefrierbeutels abschneiden.

179

LÄNGER HALTBAR

Der Reifeprozess von Bananen lässt sich verlangsamen, indem du die Stiele fest mit Klarsichtfolie umwickelst.

Bananen und Äpfel nicht zusammen lagern, da die Äpfel Ethylen freisetzen, welches die Bananen schneller braun werden lässt.

180

INSTANT-EISKAFFEE

Abgekühlten Kaffee in eine Eiswürfelform geben und einfrieren. 5–7 Kaffee-Eiswürfel mit Milch anrühren. Fertig ist der Eiskaffee.

Feinschmecker geben noch etwas Kakaopulver und/oder Vanille-Eis dazu.

181 AB AUF DIE BANK!

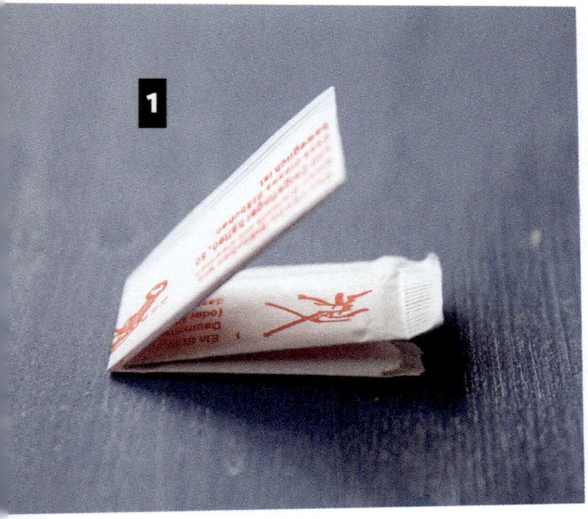

Dazu musst du das Papier nur zweimal mittig einfalten...

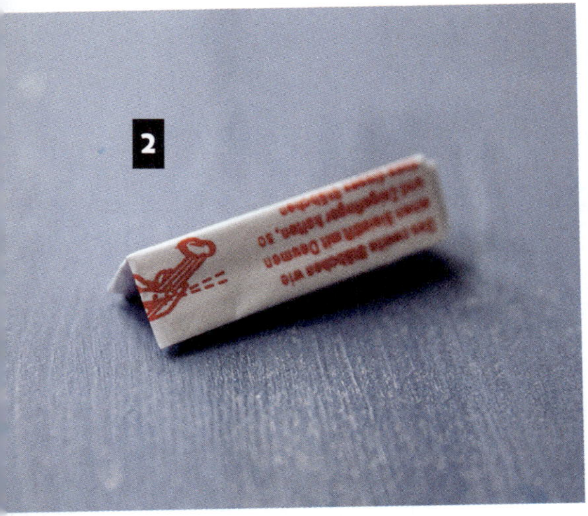

... dann der Länge nach umfalten ...

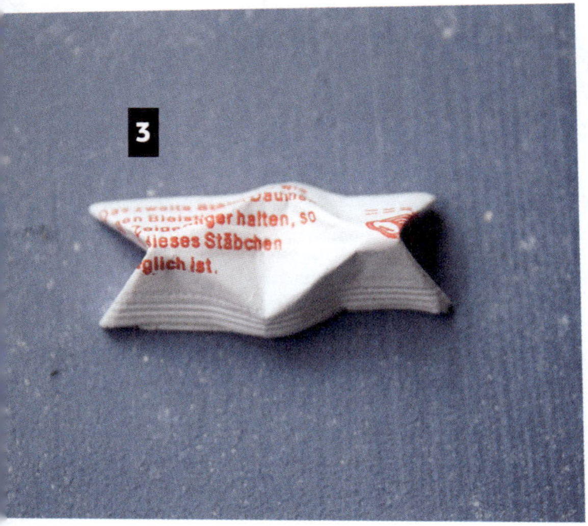

... und schließlich die Seiten nach innen einknicken.

Zu guter Letzt kannst du die obere Kante noch etwas eindrücken, damit die Stäbchen nicht herunterrollen.

182

GEDRÜCKT, NICHT GERÜHRT

Fülle eine French Press ca. 3 cm hoch mit warmer Milch und drücke den Stempel dann einige Sekunden kräftig auf und ab – fertig ist der leckere Milchschaum.

Je höher der Fettanteil in der Milch, desto cremiger wird der Schaum, und, klar: je niedriger, desto fester. Auch laktosefreie Milch und Sojamilch lassen sich prima aufschäumen.

183 SPROSSEN-FABRIK

Mungbohnensamen finden Getränkekartons so gemütlich, dass sie in wenigen Tagen darin wie verrückt keimen. Spüle den Getränkekarton dafür zunächst gründlich aus und schneide an der Oberseite die vier Ecken mit einer Schere so ab, dass die Löcher kleiner sind als die Bohnensamen. Gib nun 2–3 EL Bohnensamen durch die große Öffnung hinein und fülle den Karton zu 1/3 mit lauwarmem Wasser, das du nach 12 Stunden durch die abgeschnittenen Ecken abgießt. Von nun an alle 12 Stunden Wasser hineingießen, für ca. 15 Minuten im Karton belassen und wegschütten. Nach 4–5 Tagen ist die Box randvoll mit Mungbohnenkeimen. Für die Ernte Box oben aufschneiden.

Spüle die Bohnen nach der Ernte gründlich durch oder übergieße sie kurz mit kochendem Wasser. Beim Waschen kommen die kleinen grünen Hülsen an die Wasseroberfläche, wo du sie mit einer Schöpfkelle vorsichtig von den Keimen trennen kannst.

Bohre unten in eine Ü-Ei-Kapsel kleine Löcher für Salz (mehrere Löcher) oder für Pfeffer (weniger Löcher) – fertig ist der improvisierte Streuer!

Die Streu-Eier mit den Löchern nach oben aufbewahren. Für den Transport, z.B. zum Picknick, passen sie perfekt neben den echten Eiern in den Eierkarton.

184 STREU-EIER

185 MAIS EXPRESS-GAREN

Maiskolben, die noch von Blättern umhüllt sind, lassen sich in der Mikrowelle in 3–4 Minuten im eigenen Saft perfekt garen.

Schneide dann den Stielansatz mit einem scharfen Messer ab. So kannst du den fertig gegarten Kolben einfach und sauber aus der Hülle auf den Teller gleiten lassen.

DRAUSSEN UNTERWEGS

Den Stiel von Erdbeeren kannst du leicht und sauber entfernen, indem du von unten einen Strohhalm durch die Frucht stichst.

Die aufgespießten Erdbeeren machen sich bestens als Cocktail-Dekorationen.

187

EISBOMBEN

Friere kleine, mit Wasser gefüllte Ballons (Wasserbomben) ein, dann kannst du sie später als dekorative Kühlung für Getränke verwenden.

Den Ballon nur zu ca. zwei Dritteln befüllen, sonst geht er beim Gefrieren kaputt.

Fülle kleine Plastikbecher zu ca. zwei Dritteln mit Limonade und friere sie für zwei Stunden ein. Stecke Eisstiele durch Zitronen- oder Limettenscheiben und setze sie in den Becher. Etwas Abstand zwischen Scheiben und Eis lassen; es dehnt sich noch weiter aus. Weiter gefrieren.

Die Limettenscheiben verhindern, dass das Eis am Stiel heruntertropft.

188

LIMETTENEIS

189

STABILER KRAGEN

Damit der Hemdkragen beim Transport in einem Koffer oder einer Tasche aufrecht und knitterfrei bleibt, rolle einfach einen breiten Gürtel auf und lege diesen in den Kragen.

Falls der Kragen schon zerknittert ist, kannst du ihn mit einem Glätteisen glätten.

Ein Sakko bleibt faltenfrei und vor Schmutz geschützt, wenn du es mit der Innenseite nach außen glatt zusammenlegst.

Packe das Sakko am besten in den Kofferdeckel. Im Kasten ist meist das Trolleygestell integriert und die Kleider verknicken.

190 KNITTERFREIE SAKKOS

191

KLOPAPIER-DOSE

Eine verschließbare Kunststoffdose an der Seite mit einem Schlitz versehen. Ein Loch in Deckel und Boden bohren und eine feste Schnur hindurchziehen.

Sehr praktisch: Ein witterungsresistenter Klopapierspender für den Campingurlaub.

Mit Kerzenwachs getränkte Wattepads sind ein praktischer und preisgünstiger Kaminanzünder.

Sammle die Stumpen von abgebrannten Kerzen, um sie später einzuschmelzen.

192
NOCH EIN ANZÜNDERLI

193

LAUBSAMMLER

Kehre das Laub auf ein großes Stück Plane. Wenn du fertig bist, kannst du die Plane zusammenraffen und alles auf den Kompost werfen oder in einen Beutel umfüllen.

So sparst du dir viel Bücken und Lauferei.

Du brauchst einen Aktenkoffer, ein großes Landschaftsfoto, ein Stück Rollrasen sowie Snacks und Getränke. Bild und Rasen in den Aktenkoffer kleben und die Köstlichkeiten platzieren.

So kannst du auch am trübsten Regentag ein romantisches Indoor-Picknick machen. Gelingt auch mit einem Picknickkorb.

194

REGENPICKNICK

Breite dafür ein Shirt aus …

… lege die Unterhose mittig darauf und klappe die Seiten des Shirts nach innen.

Lege nun zwei Socken mit den Öffnungen nach außen quer auf das Shirt…

… und rolle das Ganze von oben nach unten eng ein. Zuletzt stülpe die Sockenöffnungen über die Rolle, um das Paket zu fixieren.

195 SKIVVY ROLLS

Um deine Sachen auf Reisen ideal zu verstauen und das Wichtigste immer griffbereit zusammen zu haben, drehe sie zu „Skivvy Rolls".

„Skivvy" ist ein umgangssprachliches Wort und bedeutet in England „Handlanger" und in Amerika „T-Shirt". Passt irgendwie beides!

196

KNOPF AM OHRRING

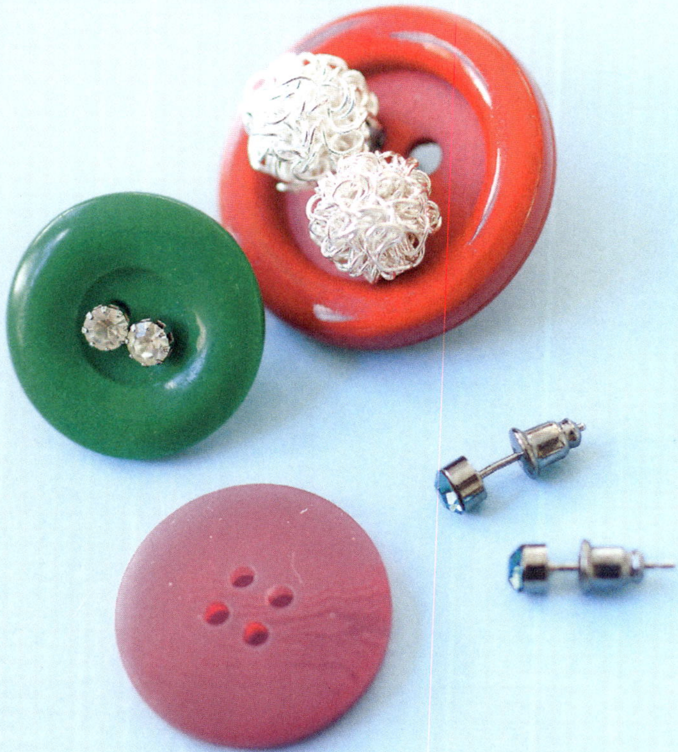

Fädle Ohrringe nach dem Tragen in einen Knopf ein, dann bleiben sie bis zum nächsten Mal sicher beisammen.

Aufgerollte Kleidung nimmt weniger Platz weg als zusammengelegte.

Die Shirtrollen sind außerdem leichter im Koffer zu finden und einfacher zu entnehmen.

197

KLAMOTTENROLLE

198 TROCKENE STREICHHÖLZER

Bewahre Streichhölzer unterwegs in kleinen Kunststoffbehältern auf, um sie vor Feuchtigkeit zu schützen.

Streichhölzer erhältst du in den meisten Lokalen gratis.

Aus Kaffeefiltern und Bindfaden oder Zahnseide lassen sich Kaffeebeutel für unterwegs vorbereiten.

Gelingt natürlich auch mit Teefiltern und deinem losen Lieblingstee!

199 COFFEE TO GO

Eine Duschhaube trennt die Kleidung im Koffer von den Schuhen.

In vielen Hotels gibt es Duschhauben kostenlos. Falls sie nicht bereits im Bad liegen, einfach an der Rezeption nachfragen.

200

SCHMUTZFANG

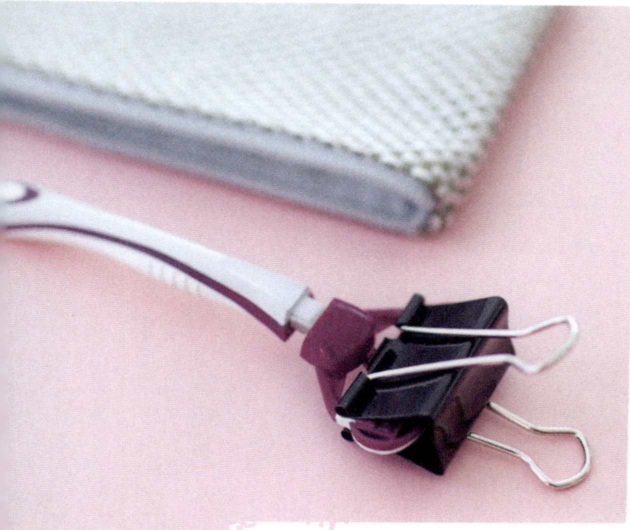

Klemme eine große Vielzweckklammer über den Kopf eines Nassrasierers, um diesen auf Reisen zu schützen.

201 RASIERERKAPPE

202 KETTENRÖHRCHEN

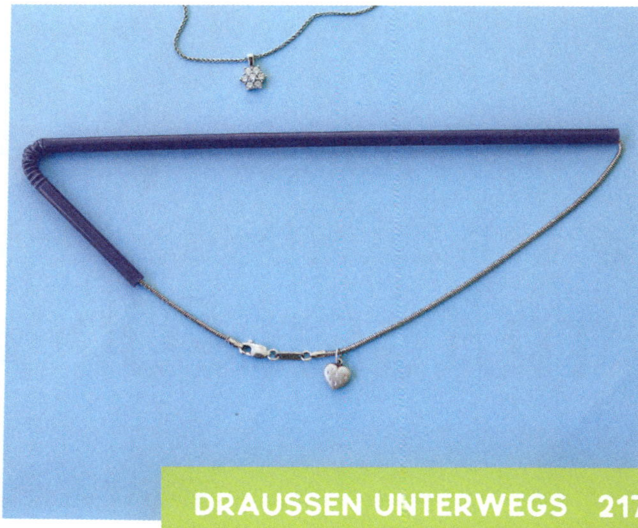

Fädle eine dünne Halskette durch einen Strohhalm, dann kann sich die Kette beim Transport nicht mehr so leicht verknoten.

Für Ketten mit etwas dickeren Verschlüssen eignen sich Cocktail-Strohhalme.

Mit einem Träger für Bierflaschen kannst du ein kleines Picknickkörbchen improvisieren.

Eignet sich übrigens auch, um Dekorationsgegenstände, wie Blumenvasen und Windlichter für Gartenpartys zu transportieren.

203 TRÄGER FÜR ALLES

Schnalle einen Gürtel um einen Baum und hänge einige S-Haken an den Gürtel. Daran kannst du Töpfe und Pfannen aufhängen, wenn du draußen kochst.

Auf diese Weise kannst du auch Gartengeräte aufbewahren.

204 OUTDOOR-KÜCHENZEILE

Um unterwegs nach dem Weg zu fragen, sind Pizzalieferanten eine gute Adresse.

Auch Taxifahrer sind gute Ansprechpartner.

205 NACH DEM WEG FRAGEN

Im Notfall kann man unterwegs mit einer Kaffeemaschine Eier kochen. Dafür die Eier in die Kanne legen, mit dem heißen Wasser überbrühen lassen und 8–10 Minuten ziehen lassen.

206 KOCHEN MIT DER KAFFEEMASCHINE

207

GESCHÜTZT LIEGEN

Ein Spannbettlaken und vier Taschen bilden eine geschützte Liegefläche. Auch praktisch am Strand als Wind- und Sandschutz.

Mit einem Laken für Doppelbetten kannst du ein Nest für die ganze Familie bauen.

208 DOSENBIER UND ANGELHAKEN

Aus dem Öffnerring einer Getränkedose kannst du mit zwei Schnitten einen Angelhaken improvisieren.

Die Dose Bier wirst du beim Warten auf den Biss dringend nötig haben.

209

FRISBEE-GOLF

Eine Klappbox oder ein Wäschekorb in einiger Entfernung aufgestellt, ist ein herausforderndes Ziel für Frisbee-Würfe. Wer schafft es mit den wenigsten Versuchen?

Mehrere Boxen mit Zahlen daran ergeben einen ganzen Frisbee-Golf-Platz.

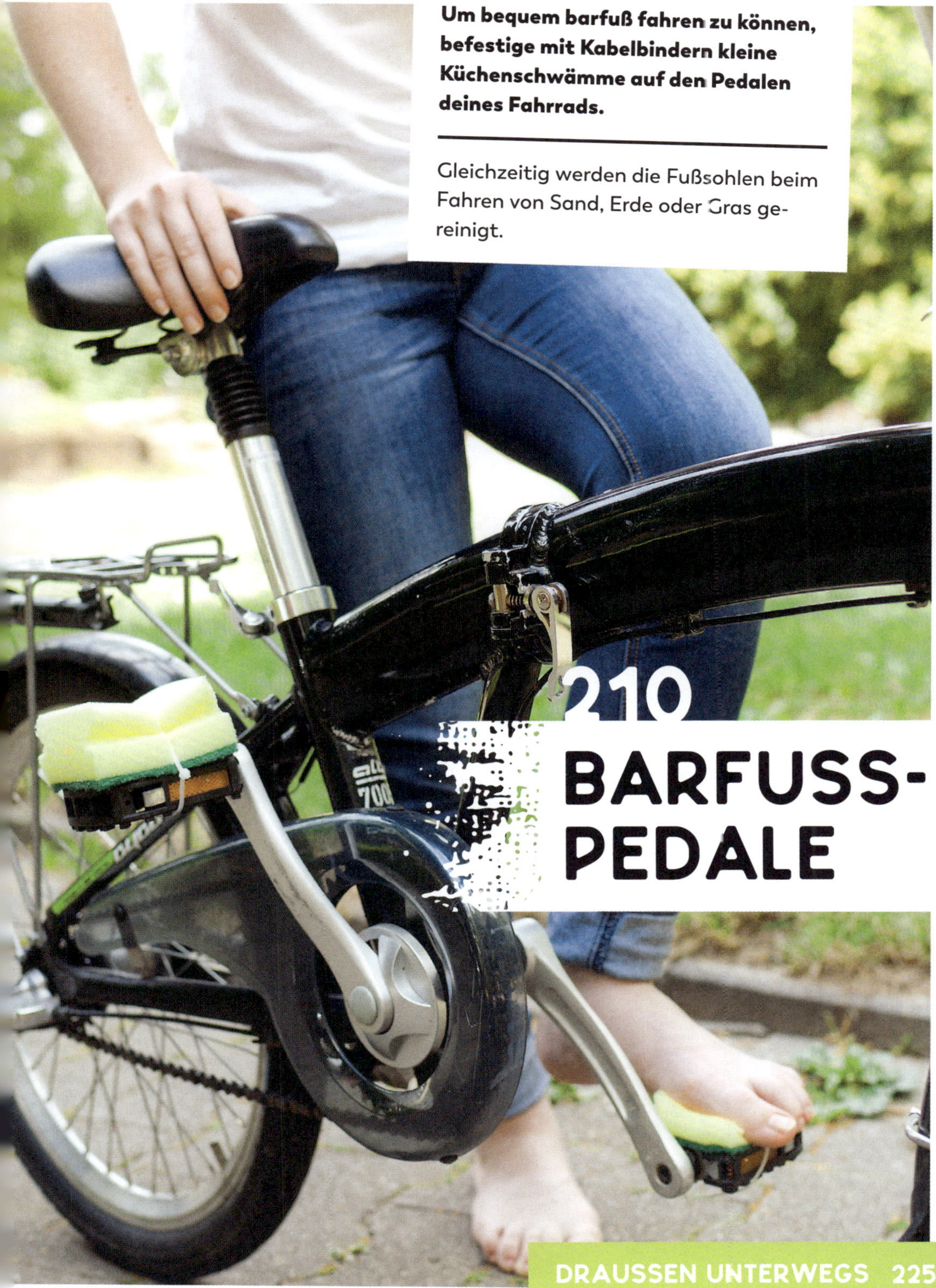

Um bequem barfuß fahren zu können, befestige mit Kabelbindern kleine Küchenschwämme auf den Pedalen deines Fahrrads.

Gleichzeitig werden die Fußsohlen beim Fahren von Sand, Erde oder Gras gereinigt.

210 BARFUSS-PEDALE

Fülle eine Flasche zu einem Drittel mit einem Getränk und friere sie liegend ein. Anschließend kannst du sie mit dem Rest des Getränks auffüllen. Du erhältst ein schnell gekühltes Getränk, das nicht verwässert ist.

Auf diese Weise lassen sich auch dekorative und schmackhafte Mischgetränke herstellen.

211

RIESEN-EISWÜRFEL

Kühle Weißwein mit gefrorenen Weintrauben.

Ein erfrischendes Getränk, ein optisches Highlight und gesundes Obst in einem.

212 EISTRAUBEN

Ein wiederverschließbarer Plastikbeutel verhindert, dass Speiseeis im Eisfach hart wird.

Dadurch, dass das Eis im Beutel luftdicht verschlossen ist, friert es nicht kristallin ein, sondern bleibt schön cremig.

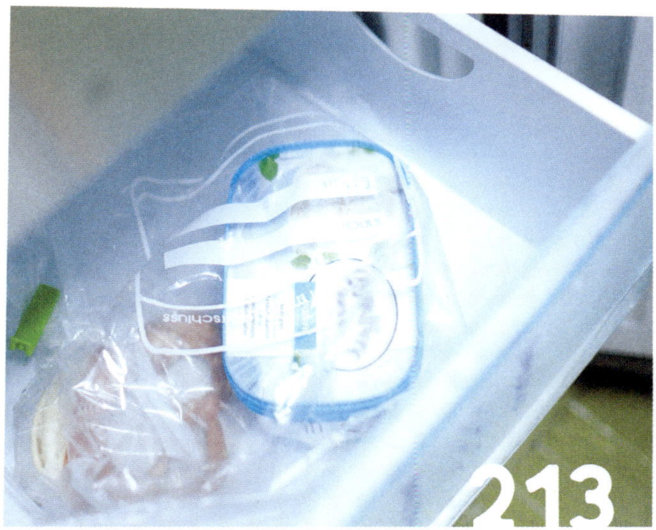

213 GESCHMEIDIG BLEIBEN

214

DOSEN-GRILL

Du brauchst: leere Raviolidose, Taschenmesser, kleiner Grillrost, Kohle

1

2

Schneide mit einem massiven Taschenmesser vier Schlitze in die Raviolidose. Lasse unten einen etwa zwei Finger dicken Rand.

Klappe die vier Dosenwände nach unten.

3

Stich jetzt noch ein paar Luftlöcher in den unteren Rand.

4

5

Fülle ein paar Kohlen in die Dose und lege den Grillrost darüber.

Anzünden und los geht's!

6

Aufmerksame Gastgeber halten Sonnenmilch für ihre Gäste parat. Einfach in schöne Seifenspender füllen und beschriften.

Ist es doch zu leichtem Sonnenbrand gekommen? Der Hack gegenüber verspricht Linderung.

215 SONNENMILCH FÜR ALLE

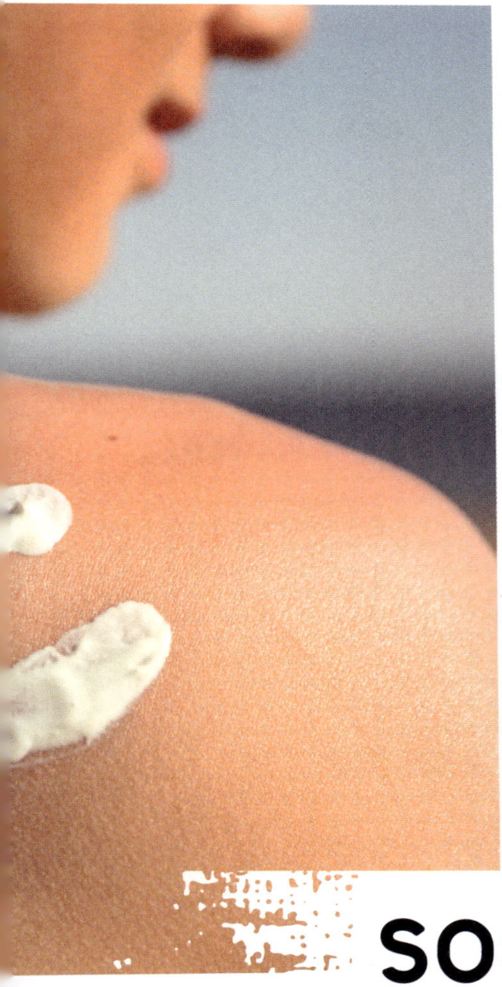

216

SONNENBRAND-LÖSCHER

Nacken, Arme und Nase sind die Stellen, an denen man bei der Gartenarbeit öfter einmal einen Sonnenbrand bekommt. Linderung verschafft eine Maske aus Naturjoghurt oder Quark. Etwa zehn Minuten einwirken lassen und dann lauwarm abspülen.

Nicht zu lange auf der Haut lassen, denn wenn Quark und Co. angetrocknet sind, muss man zum Entfernen rubbeln, was die Haut noch zusätzlich reizt.

217

GRASWÄSCHE

Lege den Rost ins Gras. Der Tau wird die Verkrustungen in den Nachtstunden schon einmal einweichen und anlösen. Dann hast du es am nächsten Tag leichter, alles mit Spülmittel und Bürste zu reinigen.

Balkongriller wickeln den abgekühlten Rost bis zum nächsten Morgen einfach in gut angefeuchtetes Zeitungspapier.

Besonders schön sind alte, verschnörkelte Holzrahmen. Auf Flohmärkten und in Trödelläden wirst du fündig.

218

FOTORAHMEN

Bei jeder Gelegenheit wird das Handy gezückt? Ja klar, wenn alles im Rahmen bleibt! Animiere deine Freunde zu lustigen Schnappschüssen, indem du einen Rahmen in den Garten hängst.

219

HULA-HOOP-ZELT

Aus einem Vorhang und einem Hula-Hoop-Reifen wird ein niedliches Zelt. Knote dafür zuerst vier Schnüre an den Reifen und diese oben zusammen – das ist die Aufhängung für den Reifen. Eine zweite Schnur fädelst du durch die Schlaufen des Vorhangs und schließt sie zum Kreis. Die Enden dieser Schnur bindest du nun an den Knoten des Reifens, der die vier Aufhängeschnüre bündelt – und schon ist das Zelt zum Aufhängen bereit!

1

2

Gemütlich wird es mit einer kuscheligen Decke und Kissen.

Schwimmkerzen sehen besonders schön in durchsichtigen Glasgefäßen mit Relief aus. Das Kerzenlicht bricht sich wirkungsvoll in den Mustern.

Übrigens müssen es nicht immer besondere Schwimmkerzen sein. Simple Teelichter schwimmen sehr gut auf der Wasseroberfläche.

220

LICHTSPIELE

Eckig war gestern! Für Maxi-Eiswürfel, die nicht so schnell schmelzen, trenne mit einem Cutter oder einer spitzen Schere vorsichtig den Boden einer PET-Flasche ab. Als Rand sollten dabei mindestens 4 cm stehen bleiben. Wasser einfüllen und möglichst gerade stehend gefrieren lassen.

Mit einem Schuss Fruchtsaft im Wasser bekommst du, je nach Sorte, farbige Eisblüten.

221

EISBLUMEN

PALETTEN-BAR

Stelle zwei gleich große Paletten aufrecht gegeneinander. Schraube die hintere Palette sicherheitshalber an die Wand und die zweite Palette gegen die erste. So kann später nichts umkippen. Lege obenauf eine Lage Terrassenplatten oder ein paar frostfeste Fliesen.

Zwei zusammenstehende Paletten ergeben oben häufig eine Breite, die gut zu einer 30 cm breiten Standardfliese passt.

Deine Devise beim Dekorieren lautet bunt, bunt, bunt? Dann sind diese süßen Vasen genau das Richtige. Stecke Schnapsgläser in Partyhütchen und befülle die Gläschen vorsichtig mit Wasser. Blumen hineinstellen und die Hütchen aufhängen.

Das Einfüllen des Wassers gelingt mithilfe eines Trichters oder einer Gießkanne mit langer Tülle.

223

PARTYSTRÄUSSCHEN

Braune Schoko-Muffins sehen doch ein bisschen wie kleine Blumentöpfe aus. Stecke Minzezweige hinein – fertig ist dein Muffin-Pflanztopf.

Noch schokoladiger werden die Töpfe mit Schokoglasur.

224 MUFFINZE

Über 30 °C und es weht kein Lüftchen? Angenehme Kühle auf der Terrasse, aber auch im Zimmer, verschafft dir dieser Trick: Stelle eine große Metallschüssel oder einen Topf mit Eiswürfeln vor einen angeschalteten Ventilator.

225 EISWIND

226

DOGGY-ICE

Eine coole Abkühlung für deinen Hund: Lege kleine Apfelstückchen in einen Eiswürfelbehälter und fülle ihn mit Wasser auf. Wenn es dein Hund verträgt, vermische es mit einem Klacks Joghurt. Gefrieren lassen. Du kannst auch Bananen-, Melonen- oder Leberwurststückchen statt Äpfeln nehmen. Und auch mal mit ungewürzter Hühnerbrühe aufgießen.

Gib deinem Hund aber nur ab und zu Eis und dann auch nur in kleinen Portionen.

Am Strand lassen sich Smartphones oder andere technische Geräte vor Sand und Wasser in einem verschließbaren Plastikbeutel schützen.

Der Touchscreen funktioniert auch durch den Beutel hindurch.

227 TÜTENSCHUTZ

228

SMARTE BRILLE

Eine Sonnenbrille umgekehrt und leicht geöffnet auf den Tisch legen und als Smartphonehalter verwenden.

229

IIIH, TEEBAUMÖL!

Koche Wasser auf und lasse es abkühlen. Mische 200 ml davon mit 10 Tropfen Teebaumöl und gib es in eine Sprühflasche. Nur zu etwa zwei Dritteln füllen, denn vor dem Aufsprühen musst du Wasser und Öl jedes Mal durch Schütteln vermischen.

Mücken mögen den Geruch von Teebaumöl nicht.

230

SAFT DRAUF!

Gegen das quälende Jucken von Mückenstichen hilft Spitzwegerich. Einfach ein Blatt abzupfen und so lange zwischen den Fingern oder in der Handfläche reiben, bis der grüne Pflanzensaft austritt. Damit den Stich einreiben.

Toll auch für Kinder.

SPIEL UND SPASS

Mit Kreppklebeband lässt sich auch in der Wohnung ein Spielfeld auf den Fußboden kleben.

Wieder einen Schritt näher am Preis „Coolste Eltern der Welt".

231

Schneide den oberen Teil einer Plastikflasche ab und bohre ein Loch in den Schraubdeckel. Fädele eine Schnur durch das Loch und verknote sie. An das andere Ende der Schnur knotest oder klebst du einen Tischtennisball. Und los geht's: Wem gelingt es, den Ball mit der Flasche aufzufangen?

Je länger die Schnur ist, desto anspruchsvoller wird das Spiel. Experten spielen übrigens mit Bowlingkugel und Schnapsglas.

232

FANG DEN BALL

233

BECHER-KANONE

Schneide mit dem Cutter den Boden von einem Pappbecher ab. Verknote einen Luftballon und schneide ihn in der Mitte durch. Stülpe den Luftballon dann über die untere Öffnung des Bechers und fixiere ihn mit Klebefilm. Durch Zug am Knoten kannst du leichte Dinge wie Popcorn, Erdnussflips oder Marshmallows aus dem Becher schießen.

Aus Pappe, buntem Papier und dem Deckel einer Deoflasche lässt sich eine Minigolf-Bahn bauen. Das Fähnchen an eine eng aufgewickelte Papierrolle oder ein Holzstäbchen kleben. Geschnipst wird die Murmel mit dem Finger. Wer kommt mit den wenigsten Versuchen ans Ziel?

Für ein noch echteres Golf-Gefühl kann man die Murmel statt mit dem Finger auch mit einem Kochlöffel abschlagen.

234 MURMELGOLF

235

FLASCHEN-BOWLING

Kleine Kunststoffflaschen mit Wasser und Lebensmittelfarbe füllen, fertig sind die Kegelfiguren.

Als Bowlingkugel dient ein normaler Ball. So kannst du auch Fußballbowling spielen.

Klebe ein Foto auf Eisstiele und schneide es mit einem scharfen Messer in Streifen. – Fertig ist ein einfaches Puzzle mit persönlichem Charme.

Wenn du auf beiden Seiten der Stiele Fotostreifen aufklebst, wird das Spiel etwas schwieriger.

236

EISSTIEL-PUZZLE

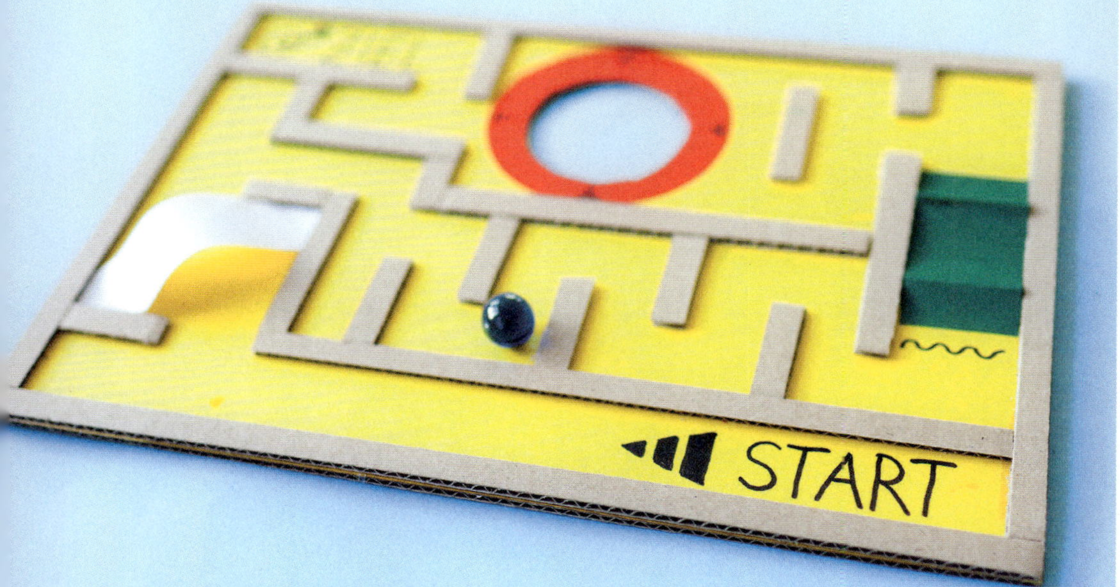

237

MURMEL-LABYRINTH

Mit Pappe, Fotokarton, Kleber, einer Murmel und etwas Fantasie lässt sich ein schönes Geschicklichkeitsspiel basteln.

Als Hindernisse kannst du auch Strohhalme aufkleben.

238 GEHEIMTINTE

Zitronensaft eignet sich als Geheimtinte auf Papier. Die Botschaft lässt sich über einer Kerze oder durch Bügeln entschlüsseln.

Kinder sollten nicht allein mit Kerzen oder dem Bügeleisen hantieren.

Ein Blatt Papier in einen Schuhkarton-Deckel kleben, Farbe auf das Blatt klecksen und einige Murmeln in den Deckel legen. Durch Hin- und Herschwenken des Deckels entstehen fantasievolle Unikate.

239 MURMEL-GEMÄLDE

240
BLEISTIFT-WÜRFEL

Würfel vergessen? Kein Problem: Viele Bleistifte haben sechs Seiten – wie Würfel. Beschrifte die Seiten mit Punkten oder Zahlen, dann kannst du mit dem Bleistift würfeln.

Zum Würfeln den Bleistift auf den Tisch legen und mit dem Finger schnipsen oder zwischen die Handflächen nehmen und mit einem Wisch auf den Tisch rollen.

241

REISE-WÜRFELSPIEL

Damit die Würfel unterwegs nicht herunterfallen, verpacke sie in eine kleine, transparente Frischhaltedose. Zum Würfeln die Dose schütteln und die Würfel auf den Deckel fallen lassen.

Gut geeignet für lange Autofahrten oder Spielrunden im Freien.

242

DOSENSTELZEN

Aus zwei großen Konservendosen und zwei langen Schnüren kannst du Stelzen basteln. Einfach nahe am Dosenboden zwei einander gegenüberliegende Löcher in die Dosen schlagen oder bohren, die Fäden durchführen und gut verknoten.

Achte auf stabile Schnur und dicke Knoten, damit die Schnur beim Herumlaufen nicht reißt.

Mit bunten Sprühfarben für die Haare kannst du ein Spielfeld auf den Rasen zeichnen.

Auch Brettspiele können so auf den Rasen gesprüht werden. Ein großes Loch in ein Stück Pappe geschnitten kann als Sprühschablone dienen.

243

RASENSPASS

244 NUDELBAHN

Eine Schwimmnudel (Poolnudel) reicht für eine Autorennbahn. Teile sie der Länge nach und höhle beide Hälften ggf. mit einem Cutter und einem scharfkantigen Löffel aus. Kleine Unebenheiten erhöhen den Schwierigkeitsgrad beim „Fahren“ der Autos. Platziere beide Hälften nebeneinander und schon können wilde Rennen starten.

Es gibt auch hohle Schwimmnudeln. Wenn du solche bekommst, hast du die Rennbahn in Nullkomma-nichts fertig. Dann musst du die Nudel lediglich längs halbieren.

245 NATURSTEMPEL

Kartoffeldruck kennt jeder. Aber nicht nur die Kartoffel hat das Zeug zum Stempel. Der Strunk eines Romanasalats druckt zarte „Rosenblüten“, mit einem längs halbierten Zierapfel druckst du niedliche Apfelbäckchen, und eine halbierte Limette ergibt einen mandalaähnlichen Abdruck.

Das Druckbild wird präziser, wenn du die Schnittflächen mithilfe eines Pinsels mit Farbe benetzt.

246

KNET MAL WIEDER

Gib ca. 100 ml lösungsmittelfreien Flüssigkleber in eine große Schüssel aus Keramik oder Metall, dazu 1 Messerspitze Natron und Lebensmittelfarbe.

Rühre das Ganze mit einem Löffel gut durch.

Gib anschließend einige Spritzer Kombilösung für Kontaktlinsen hinzu. Diese aktiviert den Kleber und die Mischung beginnt sich unter Rühren zu verfestigen.

Wenn du die Mischung mit der Hand aus der Schüssel nehmen kannst, dann geht's erst richtig los! Knete die Mischung mit den Händen weiter durch und gib bei Bedarf einige weitere Tropfen Kombilösung dazu, bis sich die Pampe von Kleber über Schleim zu Knete verwandelt. Die fertige Knete klebt nicht mehr, riecht nicht und lässt sich rückstandslos von den Händen und der Schüssel lösen.

Nach dem Spielen gründlich die Hände waschen! In einem Schraubglas härtet die Knete nicht aus, sondern bleibt wochenlang weich und verwendbar.

Diese Windmühle ist in einer Minute gemacht und verschönert jeden Balkonkasten oder Blumentopf für Wochen. Hier wurde die Rückseite eines Plastik-Schnellhefters zweckentfremdet.

Du kannst die Windmühle auch aus Papier falten, dann ist sie allerdings nicht wetterfest.

247

EASY WINDMÜHLE

1 Schneide aus dicker Folie ein Quadrat aus und falte beide Diagonalen.

2 Die so entstandenen Falze schneidest du von außen ein, wie auf dem Bild zu sehen ist.

3 Ziehe nun jeden zweiten Zipfel zur Mitte. Lasse die Zipfel etwas überlappen und fixiere sie mit einer Reißzwecke an einem Stab oder Zweig.

248 ACHTUNG SCHLANGE!

Diese schillernde Deko besteht aus bemalten PET-Wasserflaschen. Schneide zuerst die Flaschenböden ab. Bemale die Flaschen dann mit Permanentmarkern nach Lust und Laune. Wenn die Farbe trocken ist, schneide die Flaschen von unten nach oben mit einer Schere spiralförmig auf. Das letzte Ende mit dem Verschluss wird einfach abgeschnitten. Hänge die Luftschlangen in Bäume oder auf den Balkon.

Sieh dich beim Aufhängen vor, die Schlangen sind ein wenig scharfkantig.

249

ALLES GREEN!

Ob du nach Minigolf- oder Krocket-Manier spielst oder gar deine eigenen Regeln aufstellst, bleibt dir überlassen. Wie wäre es mit Toren aus gebogenen Ästen? Oder Tunneln aus ausgehöhlten Kürbissen? Das Ziel ist ein liegender Blumentopf.

Als Schläger dient ein alter Spatenstiel.

Schneide aus einer Plastikflasche zuerst seitlich ein großes Viereck heraus, hier pflanzt du später die Pflanze ein. Nun geht es ans Gestalten der Igelschnauze: Klebe um die Öffnung der Flasche mehrere Lagen Stoff mit Bastelkleber. Als Augen kannst du alles Mögliche aufkleben: Perlen, Knöpfe oder Unterlegscheiben. Die Nase bildet eine aufgeklebte Schnecke aus Schnur. Zum Schluss bepflanzen.

Als Bepflanzung eignen sich Gewächse mit einer möglichst wuscheligen „Frisur“, zum Beispiel Thymian, Sukkulenten oder Gräser.

250 BLUMENIGEL

251 GESCHIRR-TUCH-SPIEL

Male mit Filzstift ein Schachbrett auf ein kariertes Geschirrtuch. Verschiedenfarbige Steine dienen als Spielsteine.

Wenn du nach dem Spielen das Tuch zu einem Säckchen zusammenraffst und mit einer Kordel verknotest, hast du zugleich einen praktischen Beutel für das Spiel.

Ein Satz Rommé-Karten lässt sich als Schachfiguren verwenden. Das Spielfeld in ausreichender Größe auf ein Stück Packpapier aufmalen (8 x 8 Kästchen).

Gespielt wird Rot gegen Schwarz. Für Bauern niedrige Zahlen, für Türme die Asse, für Springer die 10er, für Läufer die Buben und für die Damen die Königinnen verwenden. Der Karten-König bleibt auch beim Schachspiel König.

252

KARTEN-SCHACH

253

PAPP-BLÜTEN

Aus drei Papptellern, einem Holzstab, einer Reißzwecke und ganz viel Farbe entsteht diese Riesenblüte. Schneide aus den Papptellern drei unterschiedlich große Blumen zu. Bemale sie kunterbunt und lege sie nach dem Trocknen der Größe nach geordnet übereinander. Eine Reißzwecke in der Mitte fixiert die drei Lagen und verbindet gleichzeitig die Blüte mit dem Stab.

Für einen plastischen Effekt ziehe die Blütenblätter vor dem Bemalen leicht über eine Tischkante oder ein Lineal.

254

IHR FALTERCHEN KOMMET

Schmetterlinge zu beobachten ist für Kinder spannend – und für Erwachsene entspannend. Mit dieser Tränke kannst du versuchen, die bunten Flieger anzulocken. Platziere ein Stück Küchenschwamm auf einem bunten Teller. Bei Schmetterlingen beliebt sind die Farben Rot, Orange, Gelb, Lila und Pink. Noch ein paar Blüten dazulegen, dann den Schwamm mit einer Zuckerlösung tränken.

Für die Zuckerlösung 1 Teil Zucker in 10 Teile Wasser unter Rühren so lange erhitzen, bis sich der Zucker aufgelöst hat. Abkühlen lassen.

255

SCHRUMPF-KÖPFE

1 **Befreie die Äpfel von ihrer Schale und schnitze mit einem Küchenmesser Augen, Nasen und Münder ein. Arbeite die Höhen und Tiefen der Gesichter deutlich heraus, d. h. tief liegende Augenhöhlen, große herausstehende Nasen, weit offene Münder. Wer unsicher ist, zeichnet sich die Konturen vor.**

Schnitze nicht zu viele Details ein. Du kannst relativ normale Gesichter schnitzen, die Verzerrung durch das Trocknen bringt von selbst den Gruseleffekt.

2 Benetze die Köpfe dann mit einer Mischung aus Zitronensaft, Wasser und Salz und lasse sie abtropfen.

3 In die Augenhöhlen kannst du nun noch Backpflaumenstückchen oder Rosinen stecken. Anschließend die Köpfe in der Sonne oder im Backofen, in der Restwärme nach dem Kuchenbacken, trocknen lassen. Das Trocknen dauert bis zu zwei Wochen und die Schrumpfköpfe sehen mit jedem Tag gruseliger aus.

256 SEIFENSCHLANGEN

Schneide den Boden einer Plastikflasche ab und stülpe eine alte Socke über die Öffnung. Tauche dann den so „besockten“ Flaschenboden in Seifenlauge und puste gleichmäßig in die Flasche. So kreierst du lange Schlangen aus Seifenblasen.

Den Spaß solltest du nur im Freien ausprobieren, da es eine ziemliche Sauerei ist. Als Wettbewerb könntet ihr auf der nächsten Gartenparty probieren, wer die längsten Schlangen hin bekommt.

257 MAG(NET)ISCH

Vermische einen Teil Farbe oder Lack mit einem Teil Metallpulver. Flächen, auf die du diese Farbmischung aufträgst, kannst du anschließend mit Magneten bestücken.

Achtung: In Farben auf Wasserbasis kann das Eisenpulver rosten. Das verändert über die Zeit die Farbe und kann sich auf den bemalten Untergrund auswirken. Magnete haften aber trotzdem auf der bemalten Fläche.

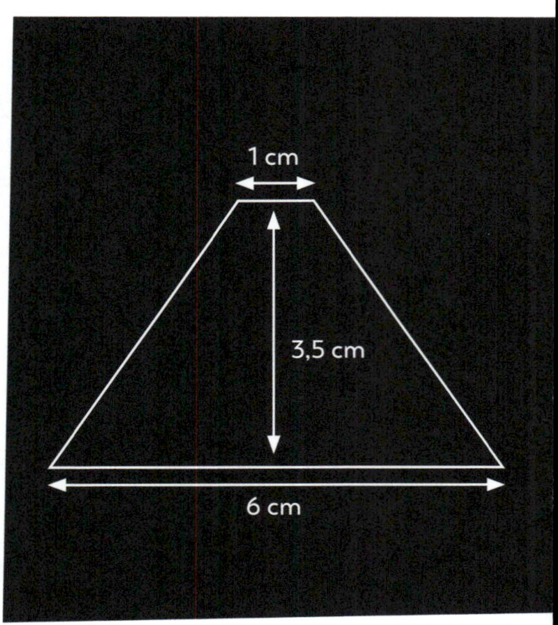

Schneide aus einer alten CD-Hülle mit Hilfe eines Cuttermessers vier gleiche Trapeze entsprechend der Vorlage.

Klebe die Trapeze mit transparentem Klebeband beidseitig aneinander, sodass ein offener Kreis entsteht.

Anschließend klebe das erste und das letzte Trapez so zusammen, dass ein quadratischer Trichter entsteht.

Unter dem Suchbegriff „hologram video" findet man im Internet zahllose Videos, die vier Symbole oder Formen zeigen. In einem dunklen Raum im Vollbildformat auf dem Smartphone abspielen und den Projektor mit der Trichteröffnung unten mittig auf das Display stellen, sodass jede Seite des Trichters auf eines der Bilder zeigt. Wenn du nun durch die Seiten des Projektors schaust, kannst du in der Mitte ein echtes Hologramm sehen.

258
DIY-MINI-HOLO-PROJEKTOR-DINGS

Eine Schraube (oder einen Nagel) mittig durch den Boden eines Holzkästchen drehen. Geworfen wird mit großen Unterlegscheiben. Ziel ist es, die Scheibe auf die herausragende Spitze zu werfen.

259

PORTABLES HUFEISENWERFEN

Mit Papptellern kannst du auf Betonwegplatten spielen.

Auf die Pappteller lassen sich auch Schachfiguren zeichnen.

260

OUTDOOR-RIESENSPIEL

Klebe zwei Papierstreifen um einen Eisstiel. Spanne ein Gummiband über einen zweiten Stiel (hier unten liegend) und lege beide Eisstiele aufeinander. Befestige alles mit Klebeband oder zwei Gummibändern an den Seiten.

Durch Pusten zwischen die Eisstiele wird das Gummiband in Schwingung versetzt und erzeugt einen pfeifenden Ton.

261

EISSTIEL-PFEIFE

Spanne zwischen einer Wand und einem Treppengeländer kreuz und quer einen Wollfaden. Stühle und andere Möbel bieten weiteren Raum für Knotenpunkte des Labyrinths. Das ergibt ein tolles Geschicklichkeitsspiel für Kinder: Die Fäden dürfen nicht berührt werden! Kleine Glöckchen an den Schnüren erhöhen den Schwierigkeitsgrad.

Erfinde eine spannende Geschichte zum Spiel: Vielleicht werden rote Fäden zu Laserstrahlen, weiße zu Spinnweben … Am Ende des Parcours kannst du einen Preis platzieren.

262 FADENLABYRINTH

263 KARTOFFEL-STEMPEL

Halbiere eine Kartoffel und drücke eine Ausstechform in die Schnittkante. Nun schneide seitlich in die Kartoffel bis an die Form heran. So lässt sich schnell ein witziger Stempel für Kinder anfertigen.

Stempel-Motive kannst du auch aus Moosgummi ausschneiden und auf Holzklötzchen kleben. Solche Stempel sind langlebiger als die Kartoffel-Variante.

264

BALL-SPIEL

Das Innenleben besteht aus einem Kinderfußball, dem ein großes Stück weißer Organza übergezogen wurde. Den Stoff direkt unter dem Ball abbinden. Für eine aufrechte Haltung und zum Aufhängen mit Schnur noch einen kleinen Zipfel oben auf dem Geisterkopf abbinden. Selbstklebende Wackelaugen geben dem Geist ein Gesicht.

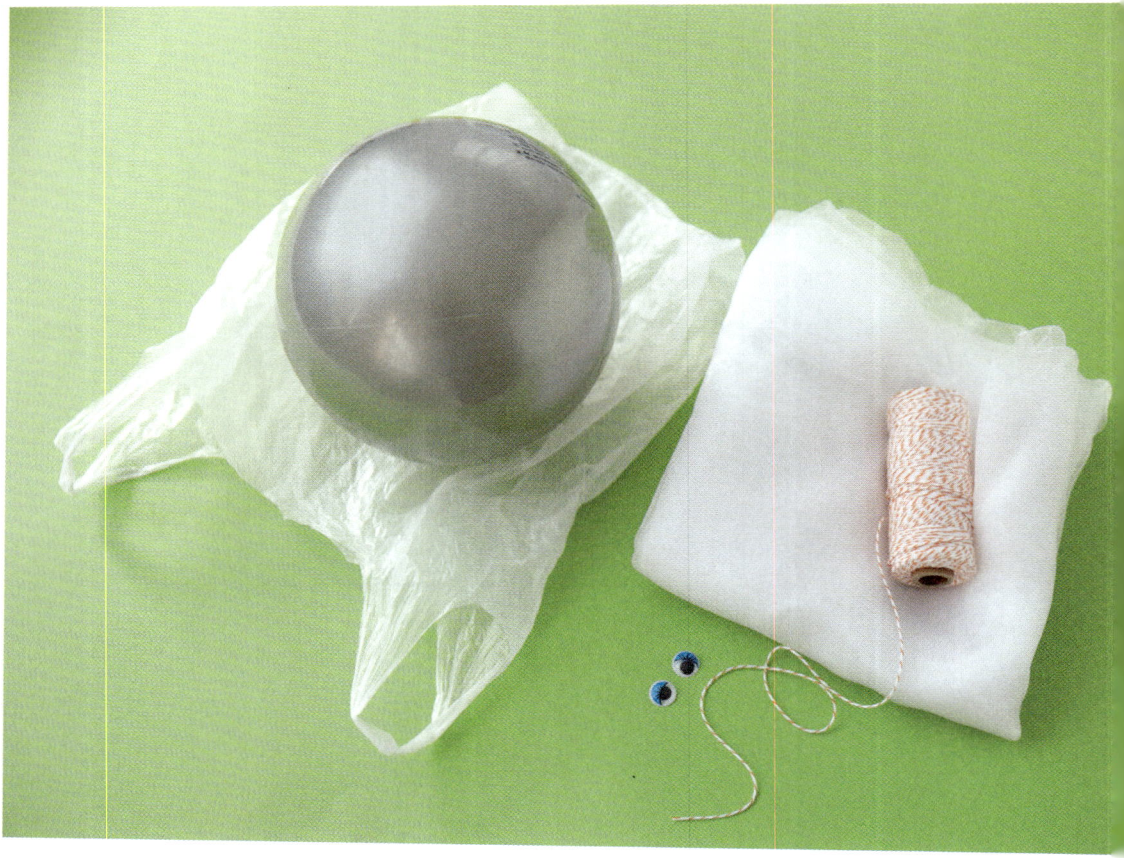

Einen bunt bedruckten Ball einfach zuerst mit einer weißen Plastiktüte verhüllen.

DEKORIEREN UND VERSCHENKEN

Mit einer Doppelsprossen-Leiter und einigen Brettern lässt sich schnell ein Regal errichten. Darauf kannst du Snacks und Getränke für eine (Garten-) Party bereitstellen.

266

UNSICHTBAR GESTÜTZT

Bücher, die auf einem Regal nebeneinander stehen, neigen zum Umfallen. Mit dieser genialen Buchstütze passiert dir das nie mehr!

1. Falte ein Blatt in DIN A4 erst mittig horizontal und anschließend vertikal, um ein gefaltetes Kreuz zu erhalten.

2. Schneide das Blatt nun mit einer Schere entlang der gefalteten Linie an der längeren Seite bis zur Mitte ein …

3. … und schiebe zwei Viertel des Blattes so übereinander, dass eine Ecke entsteht. Fixiere die überlappenden Viertel von beiden Seiten mit Klebeband.

4. Öffne anschließend ein Buch ganz vorn oder ganz hinten (je nachdem, auf welcher Seite die Stütze angebracht werden soll) und schiebe die Stütze hinein.

Neben das erste Buch nun weitere Bücher stellen, um die Stütze vollständig zu verbergen und zu beschweren.

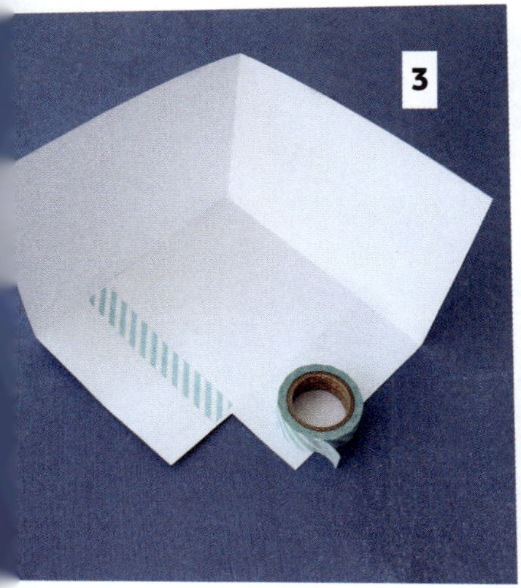

Selbstgemachte Rubbellose sind besser als keine Rubbellose!

Schreibe oder drucke die Gewinne wie hier auf buntes Papier.

... und beklebe dieses vollflächig mit breitem Klebeband. Schneide dann die Lose aus.

Bemale das Klebeband auf dem Papier anschließend mit Acrylfarbe deiner Wahl. Möglicherweise musst du zwei bis drei Schichten auftragen, bevor die Preise völlig verdeckt sind. Und dann nur noch gut trocknen lassen!

Vermische die Acrylfarbe vor dem Auftragen mit etwas Spülmittel, dann lässt sie sich deutlich besser abrubbeln.

267 FIXE LOSE

**Mit einem Gummihammer und Keksförmchen kannst du Formen aus Kürbissen ausstechen, um eine dekorative Laterne herzustellen.
Den Kürbis zuerst aushöhlen, dann ans Verzieren gehen.**

Funktioniert im Sommer auch mit Wassermelonen.

268
KÜRBISLATERNE

269

GRUSELHANDTUCH

Ein gruseliger Partystreich: Streiche dir mit roter Speisefarbe oder Kunstblut die Handflächen ein und wische sie vorsichtig über ein helles Handtuch. Nun lass das Handtuch trocknen. Deine Gäste werden sich schaudern!

Pass auf, dass du dich beim nächsten Gang ins Bad nicht selbst erschrickst!

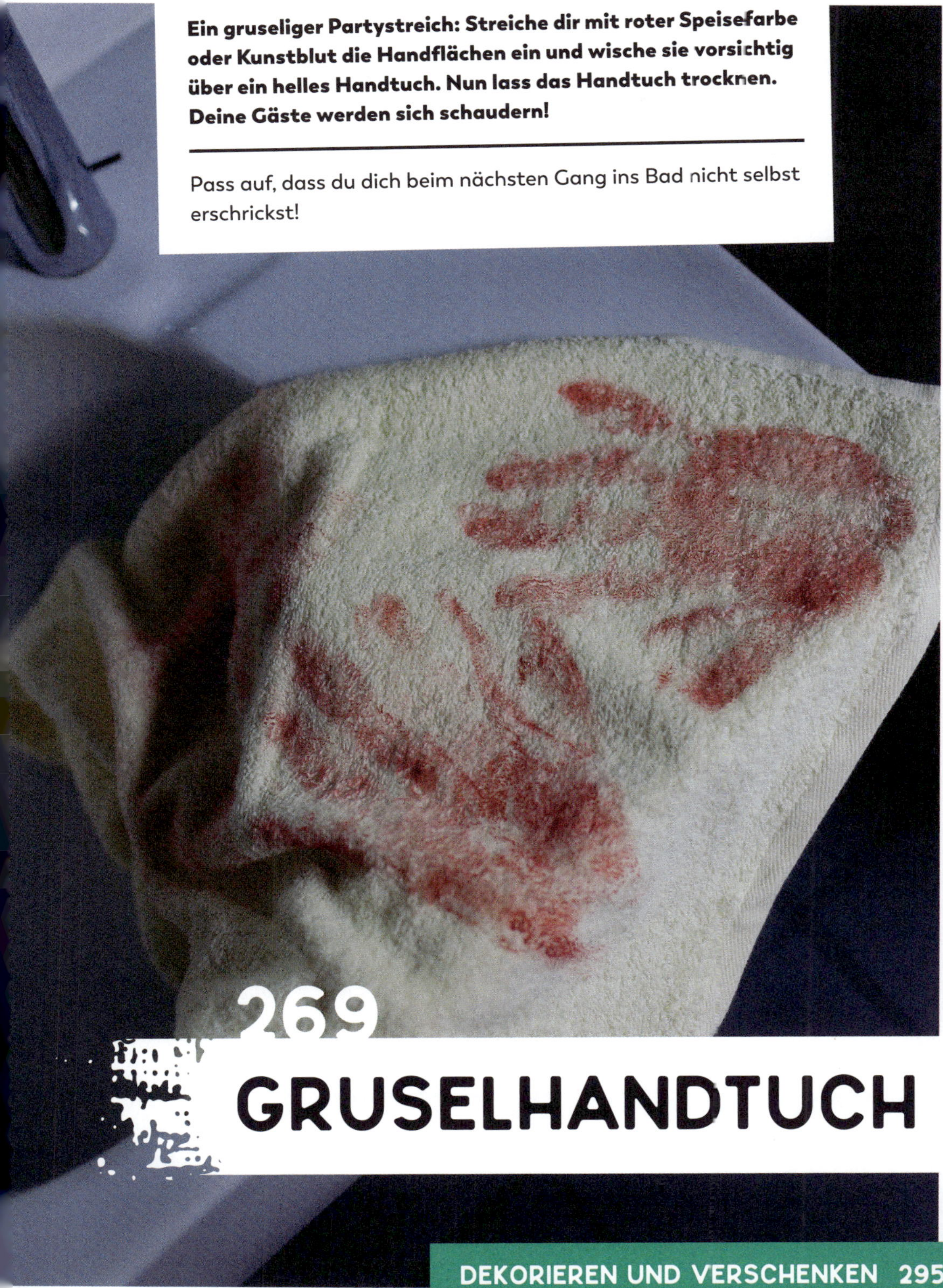

270

NUSS-GENUSS

Grob gehackte Walnüsse in Honig gerührt ergeben ein dekoratives und leckeres Geschenk. Zwei Esslöffel Weinbrand runden es ab. Gut einrühren und zwei Wochen ziehen lassen.

Schmeckt hervorragend über Eis, Obstsalat oder eingerührt in Joghurt.

Verschenke selbst gemachte Backmischungen! Einfach die trockenen Zutaten in ein dekoratives Glas schichten und mit dem Rezept beschriften.

Zutaten: 350 g Zucker, 50 g Kakaopulver, 125 g gehackte Wal- oder Pekannüsse, 200 g Mehl, 1 TL Backpulver, 1/2 TL Salz. Frisch hinzugeben: 3 Eier und 175 g Margarine.

271 GLÜCK IM GLAS

Scherben von zerbrochenen Tontöpfen kannst du noch als wetterfeste Etiketten nutzen. So weißt du immer, welche Pflanze dort wächst. Nimm zum Beschriften unbedingt einen wetterfesten, lichtechten Marker.

272
SCHÖNE SCHERBEN I

273

SCHÖNE SCHERBEN II

Ist ein Pflanztopf aus Ton zerbrochen, aber nicht in Hundert Scherben zerborsten, kannst du etwas Kreatives daraus machen, das nicht jeder hat. Setze die großen Bruchstücke wie Terrassen an einem Hang zusammen, stecke aus kleinen Scherben oder Kieselsteinchen Stufen hinein und stabilisiere alles mit Erde und Steinen. Deiner Fantasie sind keine Grenzen gesetzt.

Eignet sich vor allem für trockenheitsverträgliche Pflanzen wie Hauswurz und andere Sukkulenten.

274

COOL ABGEHANGEN

Für eine stylishe Makramee-Blumenampel brauchst du fast kein Material – der Wow-Effekt ist dafür umso größer!

1

1 Schneide dir acht gleich lange Schnüre zurecht, knote sie an einem Ende zusammen und bilde dabei gleich eine feste Schlaufe, an der du deine Ampel später aufhängen kannst. Lege das Ganze so vor dich hin, sodass immer zwei Schnüre paarweise zusammenliegen – so erhältst du 4 Stränge à 2 Schnüre.

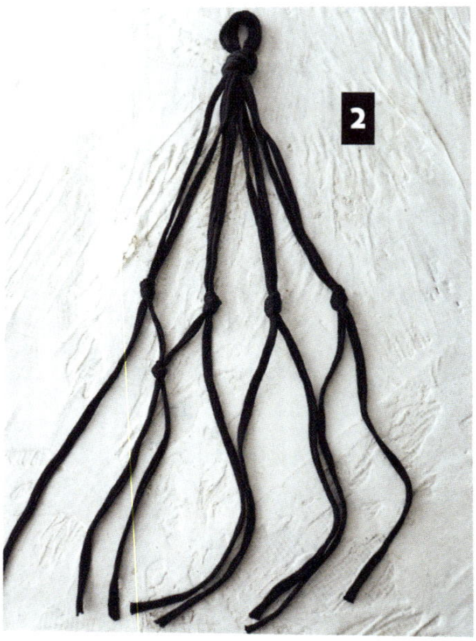

2

2 Überlege dir, in welcher Höhe dein Töpfchen beginnen soll. Dort machst du mit allen vier Schnurpaaren jeweils einen Knoten. Danach teilst du die Stränge anders auf: Immer zwei nebeneinanderliegende Schnüre von zwei unterschiedlichen Strängen bilden einen neuen Strang. Dort machst du jeweils im gleichen Abstand zum ersten Knoten wieder einen Knoten. Es entsteht ein Netz. Dies machst du ein paar Mal, bis dein Netz hoch genug ist, dass es einen kleinen Keramiktopf umschließt.

3 Zum Schluss knotest du alle Stränge fest zusammen und stellst deinen Topf in das entstandene Netz. Aufhängen – fertig!

275

BLUMENLEUCHTER

Ein alter Kronleuchter birgt Potenzial für eine zweite Chance im Garten – als Blumenampel. Baue die Kerzen- oder Glühlampenhalterungen aus. Klebe an die Stellen, wo vorher die Leuchten waren, Übertöpfe mit Silikon an. Nach dem Trocknen alles mit Lack besprühen.

Du kannst bepflanzte Töpfchen oder Mini-Blumensträuße in die Übertöpfe stellen.

Manchmal möchte man Freunden und Besuchern gern etwas mitteilen. Nimm alte Schneidebrettchen aus der Küche (die bringen ein Loch für die Aufhängung oft gleich mit) und male ein Feld aus Tafellack auf. Wer akkurate Ränder mag, klebt sich mit Malerkrepp vorher ein Viereck ab.

Beschriften (und wieder feucht abwischen) lässt sich der Lack mit Schultafel- oder Malkreiden und Kreidemarkern.

276

BOTSCHAFT STATT ZWIEBEL

277 KORK-KAKTUS

Kleine Geschenke erhalten die Freundschaft, heißt es. Wie wäre es da mit einem minikleinen Mitbringsel, das aber großes Hallo hervorrufen wird?

Höhle einen Champagnerkorken aus Kork vorsichtig mit einem Schraubenzieher oder einem ähnlich spitzen Gegenstand aus, sodass eine Vertiefung entsteht, in die du etwas Erde drücken kannst.

In Gärtnereien findest du Sukkulenten, zum Beispiel Sempervivum, an denen schon Tochterrosetten hängen. Diese haben häufig schon eigene Würzelchen gebildet. Trenne sie ab und du bekommst eine winzig-kleine Pflanze.

Feuchte die Erde an und setze die kleine Rosette hinein. Fertig!

Immer mal wieder Wasser eintröpfeln oder aufsprühen.

Wenn du das Präsent diagonal auf das Papier legst, kannst du das Geschenk meist trotzdem einpacken. Wichtig ist dabei nur, dass das Geschenkpapier über die oberen Ecken des Gegenstandes reicht.

Beginne an einer Seite mit dem Einwickeln und wickle anschließend nicht die gegenüberliegende, sondern direkt die nächste Seite ein.

Wenn du gestreiftes Papier verwendest, sieht das schief gewickelte Geschenk besonders hübsch aus.

278

ECHT SCHRÄG

Sicher ist es dir auch schon einmal passiert, dass du zum Verpacken eines Geschenks ein etwas zu kurzes Stück Geschenkpapier abgeschnitten hast.

Vor dem Verpacken eines Geschenkes den Papierbogen im Zickzack falten, sodass eine breite Faltung entsteht (hier 5 cm). Dabei unten ausreichend Papier zum Einwickeln stehen lassen. Das Geschenk einwickeln und Glückwunschkarte, Foto oder Brief einstecken.

Zweifarbiges Geschenkpapier knapp umfalten, um eine gerade Kante zu erhalten, und dann einmal nach oben falten. So ist die andersfarbige Rückseite sichtbar.

279

EINSTECKTASCHE

Klebe eine kleine Figur mit Heißkleber in den Deckel eines Schraubglases. Gib in das gereinigte Glas 1 TL Glitzerpartikel aus dem Bastelbedarf und fülle das Glas bis zum Rand mit Wasser auf. Schraube nun den Deckel mit der Figur auf das Glas. Achtung: Da die Figur Wasser verdrängt, wird das Glas etwas überlaufen. Stelle es also beim Zuschrauben am besten auf ein Tuch.

Wenn die Glitzerpartikel vor dem Zuschrauben an der Wasseroberfläche schwimmen, kannst du etwas Spülmittel ins Wasser geben: Das bricht die Oberflächenspannung des Wassers. Aber nicht zu viel Spülmittel verwenden, sonst schäumt das Wasser beim Schütteln!

280

DIY-GLITZERSCHNEE

281 GLITZERTÜTE

Für silberglänzendes Geschenkpapier verwende eine Chipstüte. Diese einfach umdrehen und reinigen. Du kannst sie auch aufschneiden, um kleine Geschenke einzuwickeln.

„Ich musste leider die ganze Tüte Chips essen, wie sollte ich denn sonst das Geschenk einwickeln?“

282 NEWS-TÜTE

Kein Geschenkpapier parat? Nimm Zeitungen und falte daraus Tüten.

1. Das Papier zusammenfalten, dabei einen kleinen Überstand an der Seite lassen. Mit dem Überstand zusammenkleben.
2. Die Unterkante der Tüte nach oben und wieder zurück falten.
3. Das Rechteck aufstellen und die Mitte der Außenkanten nach innen zum Dreieck falten. Auf der anderen Seite wiederholen.
4. Die Kanten übereinanderlegen.
5. Zusammenkleben.
6. Die Tüte aufrichten und ausformen – fertig.

283

SCHNEE-FLOCKEN-PAPIER

Mit dem Radiergummi-Ende eines Bleistiftes und weißer Farbe kannst du Packpapier zu einem schicken Geschenk-papier veredeln.

Besonders edel wirkt das Papier, wenn du die Punkte statt mit Farbe mit Bastel-kleber aufstempelt und anschließend mit Glitter oder Puder bestreust.

284 KEKSKÖRBCHEN

Aus einem Pappteller lässt sich mit wenigen Handgriffen ein dekoratives Körbchen basteln. Nach Belieben noch eine dicke Schleife darum binden.

Auch zum Servieren reich belegter Sandwiches geeignet.

285

HÄNGENDE GLÄSER

Um Kerzenlicht oder Blumen auf Augenhöhe zu bringen, funktioniere einfache Marmeladengläser zu hängenden Vasen oder Windlichtern um! Du brauchst nur etwas Draht. Wickele diesen einmal um den oberen Rand herum und bilde anschließend einen Bügel zum Aufhängen. Nun noch ein paar Runden Draht um den Rand herumlegen, bis der Bügel schön fest sitzt.

Die Drahtenden gut verdrehen und so verstecken, dass man sich nicht daran verletzen kann.

286
POOL FÜR BLÜTEN

Einzelne Blüten treiben auf der Wasseroberfläche – welch schöne Last-Minute-Dekoration für die Gartenparty! Du kannst die verschiedensten Gefäße verwenden.

287 AUS TOPF WIRD LAMPE

Für diese lustige Lampe brauchst du eine sogenannte Renovierfassung – die gibt es supergünstig im Baumarkt –, außerdem einen Tontopf mit Abzugsloch im Boden und natürlich eine Lampe. Wenn das Loch im Topfboden groß genug ist, kannst du das Kabel der Fassung einfach durchstecken – fertig! Falls es kleiner ist, die Lüsterklemme abschrauben, das Kabel durchs Loch fädeln und die Lüsterklemme wieder anschrauben.

Lasse die Lampe vom Fachmann anschließen und hänge sie an der Zugentlastung – das ist eine Öse an der Fassung – auf, damit das Gewicht des Topfes nicht am Stromkabel hängt.

288 WUNDERSCHÖN ABHÄNGEN

Schraube einfach Möbelknäufe oder andere Haken nebeneinander auf ein Stück Holz. Das Holz befestigst du mit zwei Schrauben samt Dübeln an der Wand.

Endlich gibt es mal eine gute Verwendungsmöglichkeit für all die schönen Möbelknäufe, denen man in Dekoläden und auf Flohmärkten kaum widerstehen kann.

289 STOPPSTEIN

Bemale einen großen Stein mit wetterfesten Markern und – als besonderen Clou – mit Nagellack.

Der bunte Stein dient als Türstopper, du kannst ihn aber auch als Briefbeschwerer benutzen.

Ein dickwandiges Trinkglas (oder Marmeladenglas) wird mithilfe einer Schlauchschelle aus dem Baumarkt an einem verwitterten Brett befestigt. Bohre in das Brett zwei übereinanderliegende Löcher (Abstand ungefähr 1 cm) und führe einen Mini-Kabelbinder von hinten nach vorn durch ein Loch. Fädele die Schelle auf und führe den Binder durch das andere Loch wieder nach hinten. Kabelbinder fest zuziehen. Nun noch das Glas einhängen, Teelicht hineinstellen – fertig!

Ist die Schelle zu groß, kannst du sie mit einer Haushaltsschere kürzen.

290 GLASLICHT

Whiteboard-Marker kannst du zum Beschriften von Glas verwenden. Die Notizen sind rückstandsfrei abwischbar.

291 GLASMALER

292 GARDEROBEN-STÄNDER

Ein paar Vierkanthölzer (hier 2 Meter lang), etwas Draht und ein Schal genügen, um diesen Garderobenständer zu errichten. Die Hölzer aufstellen, eng mit Draht umwickeln und den Schal umbinden.

Mehr Aufhängemöglichkeiten erhältst du, wenn du mehr Stäbe verwendest.

Ein Kunststoffkorb mit langen Stäben darin hilft, Geschenkbandrollen zu organisieren.

So kannst du die Rollen gleichzeitig abwickeln und aufbewahren.

GESCHENKBAND-KORB

Befestige eine Büroklammer oder einen Brotbeutel-Clip am Klebebandanfang, dann findest du ihn beim nächsten Mal sofort.

Wenn du gerade keinen Gegenstand zur Hand hast, kannst du das Ende des Klebebandes auch einfach umfalten.

ANFANGS-MARKIERUNG

295 SAUBERE RÄNDER

Spanne ein breites Gummiband über die Öffnung eines Farbglases oder einer Farbdose, dann kannst du daran den Pinsel abstreifen, ohne den Rand zu beschmieren.

Ein genialer Trick. Vorausgesetzt, man bekommt nach dem Streichen das Gummiband wieder unfallfrei vom Gefäß herunter.

296

PING, PONG, LICHT!

Weihnachtslichterketten hat fast jeder zu Hause. Damit man sie auch im Sommer nutzen kann, tarnst du sie mit lustigen Bällchen. Schneide mit einem Cutter jeweils ein Kreuzchen in Tischtennisbälle. Nun je einen Ball auf ein Lichterketten-Birnchen stülpen – fertig!

Am besten wetterfeste Lichterketten verwenden.

297

PLATZANWEISER

Schneide mit einem Cutter einen Schlitz in einen Korken. Hinein kommt ein Kärtchen mit dem Namen eines Gastes.

Auch fürs Büffet sehr praktisch: Die Schilder zeigen an, welches Gericht vegetarisch ist, unterscheiden Bowle und alkoholfreien Punsch oder wünschen einfach nur guten Appetit.

298 MEIN GLAS, DEIN GLAS...

Nur mal eben schnell den Wein abstellen, Freunde begrüßen und – welches war nochmal mein Glas? Damit das nicht passiert, halte buntes Klebeband und Stifte für deine Gäste bereit.

Das Deko-Klebeband lässt sich rückstandsfrei wieder abziehen.

299

LEUCHTSTEINE

Mit Leuchtfarbe bemalte Kieselsteine sind eine ungewöhnliche Gartendekoration.

Mit den Leuchtsteinen kannst du einen Weg markieren.

Zerschneide einen Milch- oder Saftkarton und ritze mit einem spitzen Bleistift Motive in die Oberfläche. Anschließend reibst du Farbe in die Vertiefungen und putzt die die überschüssige Farbe ab. Nun kannst du das Motiv mit einer Flasche oder einem Farbroller auf ein Stück Pappe oder Papier drucken.

Mit leicht angefeuchtetem Papier wird die Farbe besonders gut übertragen.

300 KARTON-STEMPEL

ÜBER DIE AUTOREN

BENJAMIN BEHNKE:
Ben ist Jahrgang 1987, lebt mit seiner Familie im Ruhrpott und lässt keine Gelegenheit für einen schlechten Witz oder ein Wortspiel aus. Neben dem Lifehacken macht Ben „was mit Computern". Er mag Katzen und Spinat – aber nicht gleichzeitig.

KAI DANIEL DU:
Kai ist Jahrgang 1977, lebt mit seiner Tochter Vicky in NRW und kocht leidenschaftlich gern. Beruflich ist er im Internet unterwegs. Neben dem Lifehacken zeichnet, malt und druckt Kai kunstvolle Bilder oder baut in seinem Garten Obst und Gemüse an.

CHRIS IGNATZI:

Geboren wurde Chris Ignatzi 1988 in Sindelfingen. Schon immer hatte er ein Faible für das gesprochene und das geschriebene Wort. Heute arbeitet er als freier Journalist, Sprecher und Autor für mehrere ARD-Stationen, Magazine und Tageszeitungen im deutschsprachigen Raum. 2016 veröffentlichte er gemeinsam mit seinem Agenturpartner sein erstes Buch über die 33 verblüffendsten Museen Deutschlands. Privat ist er als Musiker in mehreren Bands aktiv, Basketball-Hallensprecher – und natürlich immer auf der Suche nach den spannendsten Alltagsmythen.

ANTJE KRAUSE:

Antje Krause liebt Gärten und Bücher – sie hat beides verknüpft und zu ihrem Beruf gemacht. Die Diplomingenieurin für Landschaftsplanung ist als Lektorin für Garten- und Kreativbücher tätig und gestaltet leidenschaftlich gern ihren eigenen Garten.

INA VOLKMER:

Als freie Journalistin kennt sich Ina Volkmer in vielen Themengebieten bestens aus. Ob Medizin, Kochen, Wohnen, Musik oder Fußball – das Leben hält immer wieder neue, spannende Geschichten bereit. Ihre Leidenschaft ist jedoch die Natur und alles, was man damit anstellen kann. Von selbst gemachten Cremes bis zu frisch gebrauten Kräutertees und Aufgüssen – alles, was Körper und Seele guttut, aber der Umwelt nicht schadet. Wenn sie nicht gerade für eine Reisegeschichte im Ausland ist, befindet sich Inas Lebensmittelpunkt im Herzen Hamburgs, mitten im Leben, mitten auf St. Pauli.

REGISTER

IMPRESSUM

Genehmigte Sonderausgabe für Weltbild GmbH & Co. KG,
Werner-von-Siemens-Str. 1, 89159 Augsburg

FOTOS: Fotolia: Patryssia (S. 127 u.); Ajlatan (S. 231l); Ulkas (S. 275 r.); shutterstock: Azret Ayubov (S. 25); Fotocute (S. 39); gpointstudio (S. 6); hans engbers (S. 44); Katarzyna Wojtasik (S. 46); Katy Foster (S. 9); kiraziku2u; (S. 44); Kyna Studio (S. 24); Mostovyi Sergii Igorevich (S. 39); photocritical (S. 20); S. Kishano (S. 20); Val Thoermer (S. 45);
Fotostudio lichtpunkt, Michael Ruder, Stuttgart
PRODUKTMANAGEMENT UND LEKTORAT: Tanja Kasten
HERSTELLUNG: Jessica Siebert
SATZ: Fotosatz H. Buck, Kumhausen
DRUCK UND BINDUNG: Livonia Print SIA, Lettland

1. Auflage 2020

ISBN 978-3-7724-8090-4 • Best.-Nr. 8090

COLLECTION FOLIO

Philippe Sollers

Agent secret

Mercure de France

Cet ouvrage a précédemment paru dans la collection
Traits et portraits, dirigée par Colette Fellous,
au Mercure de France.

Philippe Sollers est né à Bordeaux. Il fonde, en 1960, la revue et la collection « Tel Quel » ; puis, en 1983, la revue et la collection « L'Infini ». Il a notamment publié les romans et les essais suivants : *Paradis, Femmes, Portrait du Joueur, La Fête à Venise, Le Secret, La Guerre du Goût, Le Cavalier du Louvre, Casanova l'admirable, Studio, Passion fixe, Éloge de l'infini, Mystérieux Mozart, L'Étoile des amants, Dictionnaire amoureux de Venise, Une vie divine, Guerres secrètes, Un vrai roman : Mémoires, Les Voyageurs du Temps, Discours Parfait, Trésor d'Amour, L'Éclaircie, Fugues, Portraits de femmes, Médium, L'École du Mystère, Mouvement, Complots, Beauté, Centre, Le Nouveau, Désir, Légende* et *Graal.*

Contrairement aux apparences, je suis plutôt un homme sauvage, fleurs, papillons, arbres, îles. Ma vie est dans les marais, les vignes, les vagues. Qu'importe ici qui dit je. Écrire à la main, nager dans l'encre bleue, voir le liquide s'écouler sont des expériences fondamentales. Je vis à la limite d'une réserve d'oiseaux, mouettes rieuses, goélands, faucons, sternes, bécasseaux, canards colverts, hérons. Ah être un oiseau ! Dans la maison, tous les matins, je laisse Richter jouer Haydn, on pourrait l'écouter sans cesse, *ré* mineur, concert public de Mantoue, notes vives et détachées, j'aime le futur immédiat, je ne crains pas la répétition, jeu enfantin, cercle qui ne va nulle part, on écrit toujours pour une voix disait Beckett, pas de voix, pas de notes ni de mots. Le bonheur est possible. Je répète. Le bonheur est possible. Parfois, c'est Glenn Gould qui joue « Le clavier bien tempéré », menton sur les touches, lui aussi l'écouter sans cesse, on a maintenant tout le temps.

J'entre ici par le lieu où je suis apparu dans l'existence. Un lieu auquel je tiens énormément. La vie d'un écrivain ne commence pas à sa première publication, pour moi cela ferait comme si je n'avais pas vécu pendant vingt ans, curieuse solitude. Or, j'ai vécu dans un lieu enchanté, dans le savoir-vivre le plus précis : le sud-ouest de la France. À Bordeaux. J'ai été successivement au lycée Montesquieu et ensuite au lycée Montaigne, c'est donner une idée du lieu. Deux écrivains majeurs ont vécu sur cette terre enchantée. À chaque fois que l'Hexagone s'effondre (la France comme on dit), tout le monde va à Bordeaux. En 1870, en 1914, en 1940, le gouvernement français s'est déplacé à Bordeaux. Regardons ensemble. En 1940, un général bizarre qui ne se résout pas à l'arrivée de la collaboration de la France avec l'Allemagne va à Mérignac, seul, il prend un avion pour Londres. Il est très seul, tout de suite très seul, il va être condamné à mort et vaincra toutes les difficultés pour libérer la France. Mon père, lui, ne parle pas beaucoup, fredonne des opérettes de temps en temps, il s'appelle Octave, baryton léger. Un homme très doux qui d'ordinaire ne croit pas en grand-chose.

Je suis né trois ans avant, en plein Front populaire, en 1936, vers la fin du mois de novembre, le 28. C'était un samedi. Je m'appelle Philippe Joyaux et sous mes fenêtres je vais entendre les hurlements des ouvriers de l'usine que dirige mon père avec son frère, « le bon père que Dieu me donna » comme dit Montaigne, c'est une formule extraordinaire, on se demande ce que Dieu vient faire dans tout ça mais passons. Je reviendrai sur mon catholicisme profond, apparemment contradictoire avec la vie que j'ai menée, d'une liberté sexuelle tout à fait vérifiable. Sous mes fenêtres, alors que je suis à peine né, j'entends ces cris : « Joyaux au poteau ! » Ce sera mon expérience du Front populaire. « Joyaux au poteau ! » Un peu plus tard, ma mère me tient dans ses bras, les volets sont entrebâillés et nous assistons à l'entrée des Allemands dans Bordeaux, nous les regardons à travers les volets, ils marchent, ils avancent. Nous vivons dans une maison avec grand parc et jardin, juste à la sortie de la ville, sur la route d'Espagne. L'usine est à côté, on pouvait y entrer par une porte dérobée du jardin. J'y allais parfois le dimanche quand il n'y avait personne, délice de cette promenade au milieu des machines arrêtées, silencieuses. Mais c'est bientôt l'occupation des maisons, les Allemands cherchent des lieux où vivre, alors ils entrent, ils s'installent, ils occupent. C'est la guerre. Depuis, j'ai compris que ce serait toujours la guerre. Et que je suis innocent. Je peux le répéter sans cesse, rien n'y fait, on ne me croit pas, mais il faut répéter. C'est une époque extrêmement troublée et intéressante. Les Allemands occupent tout le bas des maisons, on les croise, ils s'amusent même à m'effrayer avec une arme, ma mère se décompose en voyant la scène, heureusement ils ne vont jamais dans le grenier, là où on écoute Radio Londres. J'ai cinq six ans, les messages personnels pris dans le brouillage des ondes me saisissent : « nous nous roulerons sur le gazon », « j'aime les femmes en bleu », « je répète, j'aime les femmes en bleu ». Je suis un enfant et j'écoute encore, je découvre la beauté du langage, je veux rencontrer des femmes en bleu, je cherche autour de moi, brèves hallucinations et furtives frayeurs, mais le grenier est notre refuge, nous écoutons l'autre côté de la mer, à d'autres moments ce sera la cave, ces voyages dans la nuit au milieu des sirènes et des explosions m'émerveillent. Tout est pour moi enchantement. Ces messages personnels s'adressent directement à des actes terroristes de la Résistance française. Mes parents étaient des anglophiles fanatiques, la banque de la famille était la Westminster et près de chez nous vivait aussi une Anglaise qui s'appelait Violet et qui avait échappé à la rafle allemande. Elle a pu mener des activités d'espionnage et elle m'emmenait parfois en voyage. Dans les caves, nous restons dans un silence complet pour nous protéger, pendant que les Allemands sont dans le jardin, nous les entendons parler, nous ne bougeons pas. C'est depuis ce temps que j'ai appris à me méfier du genre humain. Il y avait un officier autrichien qui dormait en bas de chez nous, il n'avait pas l'air désagréable puisqu'il se poivrait le soir au cognac en écoutant du Schubert. J'ai vu ensuite les Allemands s'en aller complètement défaits.

C'est le savoir-vivre de cette époque qui m'a marqué. Il durait malgré la guerre, malgré les massacres divers et autres événements dramatiques, il résistait, et, nous protégeait. Je me souviens des cris que j'ai perçus dans la synagogue de Bordeaux, en allant voir ma tante qui n'habitait pas très loin, je n'ai jamais oublié cette impression soudaine et très violente que j'ai ressentie en entendant ces voix. C'était au moment où Papon était à la préfecture de Bordeaux, en 1942. Il a été jugé et condamné longtemps après, en 1997, et finalement remis en liberté pour raisons médicales. Toute cette époque sur le plan historique et sociologique m'intéresse passionnément, d'autant plus que ma famille va faire faillite. L'usine Joyaux ferme, les maisons se vident, les jardins et le parc aussi, plus rien. Brusquement, je me suis retrouvé dans une maison désertée où il ne restait plus que deux ou trois chaises longues pour s'allonger, tout avait disparu. J'insiste beaucoup sur la façon dont j'ai personnellement éprouvé le fait que nos deux maisons symétriques, celle de mes parents et celles de mon oncle et ma tante, ont été rasées entièrement, remplacées par un supermarché. J'ai écrit cette visite du supermarché dans *Portrait du joueur*, grand vertige de superposer ce que je voyais et ce que j'avais vécu au même endroit. Derrière chaque rayon, il y a la trace de ma vie d'enfant, ma vie enchantée, cela a été très pénible de déchiffrer là où se trouvait ma chambre, le salon, la cuisine, la bibliothèque, et tout le reste. Une blessure qui ne se referme pas. Alors, pour me protéger, encore aujourd'hui je me prends à rêver. Je suis debout dans ma chambre, je regarde les arbres par la fenêtre, je suis là, vivant, présent dans la splendeur de chaque seconde mais pour être vraiment là, je me baisse légèrement de côté et je m'observe observer. La fenêtre, le jardin, l'ombre des grands arbres, le bureau en acajou, les objets, les bouquets, la bibliothèque, le microscope que m'a offert mon père, l'élégance du parc, ma tante Laure qui traverse le jardin en robe noire, le grand magnolia, les yeux de ma mère, l'un noisette, l'autre marron plus foncé, quelle merveille, paysage infini dont je ne me lasserai jamais. J'écoute aussi toutes ces voix écrites que je vais bientôt découvrir, toutes ces voix qui viendront témoigner, je les reçois et deviens immédiatement leur contemporain, je suis Ulysse, Nietzsche, Baudelaire, Watteau, Rimbaud, Cézanne, Proust, Poussin, et Hölderlin bien sûr. « La mer enlève et rend la mémoire, / L'amour, de ses yeux jamais las, fixe et contemple, / Mais les poètes seuls fondent ce qui demeure. » Je me confonds avec la lumière, la vitesse, l'alcôve, la vague, la musique, la modulation du piano, l'île, le banc rouge sur la place Sant'Agnese à Venise, l'odeur des cierges des Gesuati à six heures du soir, le petit bois de bambous au fond du parc, le grand paysage de Watteau, *Assemblée dans un parc*, dont la reproduction avait été placée par ma mère devant mon lit, la nature est ainsi entrée dans ma chambre. J'ai de plus en plus souvent des crises d'asthme, je ne respire plus, j'étouffe, c'est encore la nuit, je suis seul à me battre avec mon souffle, j'ai l'habitude, je continue, je délire un peu, je rencontre le Sphinx, Moïse, Ulysse, ils m'offrent leur voix, leur souffle est le mien, je leur dis merci et je retrouve peu à peu ma respiration, je cours et m'aventure sur des siècles et des siècles. Comme un enfant je cours très vite, c'est normal je suis un agent secret. Sans secret il n'y a rien. Musique ? Le jazz qui, à mon avis, a gagné la Seconde Guerre mondiale, Armstrong, Charlie Parker, Thelonious Monk. Cette musique est la liberté même, ma liberté.

*

J'ai connu à trois ans les maisons de l'île de Ré qui ont été ensuite rasées par les nazis. Elles étaient dans leur ligne de tir, la Wehrmacht a tout liquidé, croyant pouvoir, les crétins, murer l'Atlantique. Sur les plages, les blockhaus sont toujours là. Il a fallu tout reconstruire. Images très vives de ces maisons anciennes, dans la grande lumière de Ré. La plage et, de l'autre côté de la route, les maisons. Je suis assis sur les genoux de ma mère, je la regarde, odeur de cet instant toujours présent, ses yeux à elle vers le large, les miens sur son visage, qui questionnent en silence, une touche de vert dans son œil noisette. Comme ma mère est singulière.

J'ai gardé mes sandales blanches, frôlement du sable, musique de tous mes étés. Singulière, oui, ma mère. Une femme libre, qui ne s'habillait pas de manière conventionnelle, et qui, très tôt, a voulu conduire et posséder sa propre voiture, une Traction Avant 11 chevaux Citroën, qu'elle a fini par casser dans un fossé.

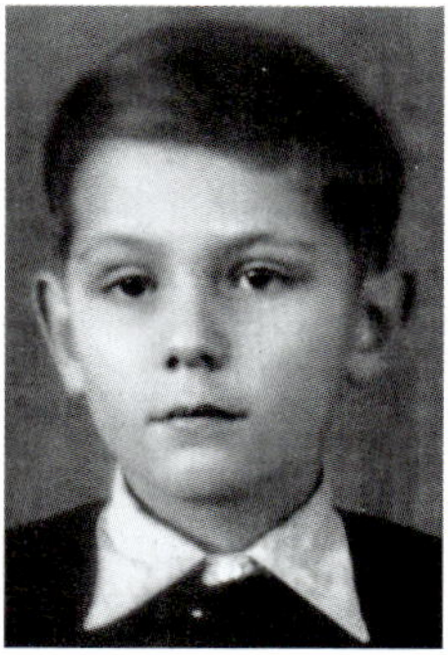

J'ai vécu au plus près ce qu'a été l'envahissement barbare dans des lieux qui étaient enchantés. Jamais je n'ai eu d'autre prescription de la part de mes parents que celle de ne jamais chanter à l'école « Maréchal nous voilà ». « Si on te demande de chanter, tu sors du rang, tu te mets à part, tu ne chantes pas. » L'épisode Vichy et la collaboration restent encore très ancrés en France, il n'y a pas de semaine ou de mois sans qu'il en soit de nouveau question.

De quoi s'agit-il principalement ? On savait bien que Mitterrand n'avait pas du tout l'intention de reconnaître la responsabilité de l'État français dans la rafle du Vel'd'Hiv, il a fallu que Chirac monte en scène pour dire la vérité, mais les symptômes de cette tragédie surgissent encore tous les jours.

Je reviens vers mon enfance magique, malgré quelque chose qui a été tout de suite très problématique, la maladie. Regardez ce visage, ces yeux, ce sourire timide, toujours un peu retenu, on ne voit pas sa difficulté à respirer, mais elle est là. Un enfant touché au souffle et à l'oreille. Jusqu'à l'âge de quinze ans à peu près. Au fond, je me suis arrangé pour être malade constamment et échapper ainsi à presque tout, l'école, l'armée, la société, tout, pour obtenir un régime spécial. Je suis passé entre les gouttes. J'avais de l'asthme, de grosses crises, des nuits et des nuits de crises. Et surtout des otites à répétition, jusqu'à cette opération très sensible de la mastoïdite, à douze ans.

Lorsqu'il a fallu que je me fasse réformer du service militaire pour ne pas aller en Algérie, j'ai mis tout cela en avant. Pour convaincre les médecins et les autorités militaires j'ai dû faire une grève de la faim, très longue, jusqu'à ce que j'atteigne la limite extrême. Je ne mangeais plus, je ne parlais plus, je ne répondais pas aux questions, je regardais par terre fixement. C'est Malraux qui m'a sauvé la vie. Il avait été contacté par Gaëtan Picon, son chef de cabinet, qui lui avait fait savoir que j'allais y passer. J'étais dans l'est de la France à Belfort, envoyé d'abord à Montbéliard, dans un bataillon disciplinaire. J'avais été repéré parce que j'avais signé une pétition contre la torture en Algérie, le livre d'Henri Alleg, *La Question*, est un des livres qui m'a le plus bouleversé, j'avais donc signé sans hésiter. J'ai été immédiatement envoyé dans ce bataillon disciplinaire où on ne pouvait rentrer à l'infirmerie qu'après avoir eu 39 de fièvre. Je me suis promené torse nu dans la neige, un matin, il devait faire moins 10, de façon à pouvoir atteindre la fièvre qui convenait. C'était réussi, j'étais brûlant. Le capitaine m'a dit : « Vous savez, de toute façon nous avons droit à 2 ou 3 % de décès, c'est comme ça. » Il n'était pas question d'aller en Algérie, j'aurais tout fait pour me faire réformer. Pierre Guyotat, écrivain majeur français, s'est retrouvé aussi en prison au moment de la guerre d'Algérie, qu'il était d'ailleurs interdit d'appeler la guerre, on préférait dire « événements d'Algérie ». Il faut lire un de ses plus grands livres, *Éden Éden Éden*, en 1970 dont j'ai signé la préface avec Leiris et Barthes. Relire aussi, à côté, *Tombeau pour cinq cent mille soldats*, paru en 1967, et son dernier livre important, en 2018, *Idiotie*, sur la guerre d'Algérie. Pierre Guyotat était un ami profond, qu'il entre dans ce livre, chemise blanche, veste de lin bleu marine.

Je devais donc être envoyé en Algérie comme soldat de deuxième classe mais j'ai été réformé, diagnostiqué « terrain schizoïde aigu ». J'ai subi une merveille d'interrogatoire avec un psychiatre de l'armée française qui tenait à comprendre qui j'étais. Il me posait beaucoup de questions et à chaque fois je répondais vraiment n'importe quoi. Brusquement, il me demande de dessiner un homme et une femme, un test sans doute classique. Je dessine alors un corps d'homme et un corps de femme. Je m'applique, je fais tout très scrupuleusement avec les sexes très apparents. Et puis je ne mets pas de bras. Là je vois que son œil s'allume. Le con.

Il me dit : « Il ne manque rien ? »

Je dis : « Non. »

D'où « terrain schizoïde aigu ».

Réformé numéro deux sans pension. Et lorsque je remercie Malraux parce que je suis quelqu'un de courtois, surtout avec les gens qui me sauvent la vie, il me répond sur une carte de deuil que j'ai conservée : « C'est moi qui vous remercie, monsieur, d'avoir pu, au moins une fois, rendre l'univers moins bête. » Il était le ministre de la Culture du général de Gaulle, on voit qu'entre Malraux et les ministères d'aujourd'hui, la France évidemment est en ruine.

*

Voici la façade de ma maison, la photo n'est pas très bonne, je l'ai prise lorsque j'avais treize ou quatorze ans, c'était une obsession, je la photographiais tous les jours comme si je pressentais qu'elle allait disparaître. Je photographiais aussi un chat que j'aimais beaucoup, sa grâce, ses yeux. La maison d'à côté est habitée par une délicieuse célibataire, qui a toute sa vie refusé de se marier pour garder l'amour de ses frères. Depuis ma chambre, je vois, au loin, la grande cheminée de briques, j'entends le bruit des machines, huit cents ouvriers et ouvrières, « Fabrique de tôlerie, galvanisation des métaux,

Maison fondée en 1886, Joyaux Frères, 125 Cours Gambetta, Talence près Bordeaux ». Ma maison, elle, est au 121. Ce qu'il faut d'abord souligner, c'est la singularité de cette famille. Nous avons affaire à deux frères et deux sœurs. Les deux frères ont épousé les deux sœurs. Il faudrait que je fasse une enquête pour savoir si quelqu'un s'est trouvé dans cette situation. Deux frères, deux sœurs, et deux maisons qu'ils ont fait construire absolument symétriques. Cela fait deux mères et deux pères, d'une certaine façon. Les deux frères travaillaient ensemble dans cette usine et se partageaient les tâches. Il y avait des camions, de grosses machines, ça occupait beaucoup de place dans la rue Gambetta. Tout ici est double, tout respire une singularité à laquelle on ne peut qu'aspirer, de façon étrange. J'ai tout de suite senti qu'il y avait là quelque chose de très favorable au fait de rester réfractaire à tout ce qui pouvait se passer socialement. J'ai tenu bon. J'étais le dernier enfant de mes parents, après deux filles, mais il y avait un autre garçon de l'autre côté du mur de ma chambre, dans l'autre maison. Un garçon qui s'appelait Pierre et qui a très vite détesté mon apparition puisque j'étais tout à coup un concurrent pour reprendre les affaires de la famille, enfin, c'est ce qu'il croyait, alors que j'avais bien d'autres dispositions. Il était de dix ans mon aîné, un cousin plus que germain, puisqu'il était le fils de la sœur de ma mère et du frère de mon père. Étrange famille. Le climat était à l'inceste sans cesse suggéré. Tout ce que j'ai écrit est dans cette couleur, ou du moins dans cette coloration. Et puis mes deux sœurs qui évidemment essayaient d'exercer leur emprise sur moi, voulaient me protéger, m'entourer, et venaient me chercher à l'école. J'essayais de leur échapper en courant. J'ai couru tout le temps. Je cours encore, vite, très vite. Pour m'échapper, le vélo, beaucoup de vélo. J'allais au lycée à vélo et j'en profitais pour m'asseoir dans les vignes du château Haut-Brion qui est à quelque distance de l'endroit où je suis né, dans cette banlieue immédiate de Bordeaux, sur la route d'Espagne. Château très célèbre, un Graves, avec des bouteilles spéciales. Dans ce paysage de savoir-vivre et d'art de vivre, le vin occupe une place essentielle. Château Haut-Brion, merveille. Enfant j'allais dans les vignes, puis je foulais au pied le raisin. Il ne faut pas rester longtemps dans la cuve parce que l'odeur est très forte, on chavire, on tombe évanoui. Il y avait là quelques enfants populaires, moi j'étais bourgeois, mais j'étais avec eux. Je ressens encore cette puissance entêtante des vendanges. Tout cela donne ce vin unique. On me dit qu'il y a d'autres vins, en Bourgogne par exemple, mais j'en doute, le vin, c'est le vin de

Bordeaux. Il faut aller du Sud au Nord, c'est-à-dire commencer par ce vin blanc admirable, qu'il faut ramasser pratiquement grain par grain, le sauternes. Comme le château-yquem. Tout est directement lié au cérémonial de la nourriture. Le vin blanc servi glacé est à boire avec des huîtres et des crépinettes. Ensuite on le laisse se chambrer, on le resservira au dessert avec une simple glace, et entre-temps on va passer au rouge c'est-à-dire le saint-émilion. Le poisson inoubliable est l'alose à l'oseille. En montant, on va vers la contrée magnifique du margaux. On le sert avec l'entrecôte aux cèpes, et on monte ainsi jusqu'à l'embouchure de la Garonne et de la Dordogne, célébrée par l'un des plus grands poètes du monde, Friedrich Hölderlin. Toujours lui. Il est venu là, venant d'Allemagne, en 1802, à pied. Il parlera de l'art royal de la contrée et de la belle Garonne. Il est resté quelque temps là. J'ai fait publier, dans un de mes livres traduit en chinois, *Éloge de l'infini*, la reproduction de son passeport, de la République Une et Indivisible, signé par le commissaire de police de Bordeaux, demandant à tous les citoyens de « porter assistance à ce poète, dont le signalement est écrit sur la gauche ». Donc nous avons un type qui s'appelle Hölderlin et qui vient à Bordeaux croyant aller en Grèce à la rencontre d'Apollon. Je suis très content que ce passeport ait été reproduit par les Chinois. Hölderlin est un voyageur stupéfiant, et je ne peux pas lire son magnifique poème *Andenken* (« Souvenir ») sans une émotion très vive, notamment lorsqu'il est question des « femmes brunes sur le sol de soie ». Il a dû avoir, comme moi, une expérience très particulière de la région, vin, fleuves, nature, femmes.

Je poursuis. Enfance. Maladie. La maladie est une épreuve intéressante. J'étais attaqué à l'oreille et au souffle, c'était extrêmement éprouvant mais tout de suite j'ai travaillé mon asthme, ce qui m'a permis alors d'augmenter mon oreille et mon souffle, épreuves qui ont été celles de Proust. « Dans la santé, la maladie se repose », dit Joseph Joubert, un penseur ami de Chateaubriand, que j'ai cité en exergue de mon premier roman, *Une curieuse solitude* : « Le plus beau des courages, celui d'être heureux. » La joie est ma philosophie essentielle. Joie, joyaux, pensez tout ce que vous voulez, mais la joie avant tout. Elle est une sorte de contemplation continue. « Nous sentons et nous expérimentons que nous sommes éternels », dit Spinoza. Ne pas lâcher, malgré les embûches, les drames et les lois autour de soi. Se tenir à la joie est un principe de vie, une politesse, un savoir-vivre. Spinoza, Proust et Montaigne. Tous trois sont des juifs intéressants et plutôt réfractaires, ce qu'on ne dit jamais assez. La joie contient tout, elle révèle l'instant, passé, présent, futur. Kaléidoscope et chambres secrètes de la mémoire, ouvrir les lieux, les couleurs et les temps, je m'entraîne toujours en écrivant, j'improvise, allez la musique, vite, on s'envole, Venise, New York, Paris, Bordeaux, Ré. Ré, initiales de Retour Éternel. J'improvise et reviens sans cesse sur le motif, je répète, me contredis, et me répète encore, aucune importance, j'aime toutes les couleurs, voyez-vous, et n'aime que la répétition, c'est-à-dire Jean-Sébastien Bach. Lorsque le chagrin m'arrive, je le renverse en rire, on dit que je suis fou, aucune importance, je ris et traverse les années en musique, plus fort la musique s'il vous plaît, comme si on portait un orchestre en soi. Un écrivain a tout de suite compris qu'on était sur la même longueur d'onde, notamment sur la guerre d'Espagne, c'est Claude Simon. Il est devenu un ami. Il avait démissionné du jury Médicis parce que le prix n'avait pas été donné à Pierre Guyotat. Je me souviens que nous l'avons invité à déjeuner. C'est la guerre, voyez-vous. Je me suis toujours senti en état de guerre. La poésie c'est la guerre. Je ne sais pas comment ça se serait passé si j'étais né ailleurs ou à un autre moment ou d'une autre façon, je serais certainement quelqu'un d'autre. Mais je suis né dans la guerre et après cela, j'ai toujours traité de la guerre au sens où l'on ne doit jamais se faire récupérer par la société. Je suis très heureux d'être là, en cet instant précis, dans ce bureau, chez Gallimard, rue Gaston-Gallimard, livres, encre bleue, terrasse fleurie. Cette maison d'édition n'a pas d'équivalent au monde. Personne ne sait ce que je vais faire, je suis dans une liberté totale avec évidemment le fonds qui est là, qui bourdonne et continue à vivre, toutes ces voix splendides. Il y a des fantômes extravagants qui respirent ici, écoutez-les, ils sont ce que Gaston Gallimard appelait « le pacte avec l'esprit », c'est-à-dire que la maison devait accueillir ensemble des gens extraordinairement différents qui n'auraient pas pu se supporter dans la vie et ne se seraient même pas salués, ils auraient changé de trottoir. Ensemble Sartre et Camus, ensemble Aragon et Breton, vous imaginez ? Gallimard est unique. Et le Mercure aussi. L'un de mes meilleurs souvenirs, c'est quand le *Mercure de France*, dirigé par Gaëtan Picon, existait encore et a publié à la une d'un numéro un extrait d'un de mes livres, *Drame*, en 1965. Gaëtan Picon m'a aidé à me faire réformer du bagne algérien.

*

1936. Ma mère a trente ans. Elle est très belle et son parfum sent très bon, je garde précieusement dans la poche intérieure de ma veste cette photo, je ne la quitte jamais, la voici. C'est donc dans l'année de ma naissance qu'elle a été prise. Enfin un garçon ! C'est ce qu'elle n'aurait jamais dit, mais il est évident qu'elle l'a pensé. Enfin un garçon, après deux filles, on peut imaginer. Sa particularité était, je vous l'ai déjà dit, d'avoir des yeux de différentes couleurs, l'un marron foncé l'autre marron clair (très tôt j'ai recherché le dissemblable), ce qui fait que dans ma vie de doubles et de redoublements, j'avais affaire à quelqu'un qui pouvait être à la fois sorcière et fée. En tout cas magicienne. Je l'appelle comme ça, elle est La Magicienne. Ce que je retiens d'elle surtout c'est sa voix, sa drôlerie implacable contre toutes les attitudes sociales. Elle était parisienne d'origine. Elle est venue ensuite à Bordeaux mais ça ne lui a jamais vraiment plu, la bourgeoisie bordelaise, tout ça, trop encombrant. Elle était très libre d'esprit et avait beaucoup d'humour, ce qui n'est pas si courant. Drôle, très drôle. Très bonne comédienne, excellente même. J'entends aussi son rire. Dans la maison, dans le jardin. Ou quand elle me chantait d'une haute voix tremblée la légende de la boîte à joujoux, ceux qui font grève, etc. La voix c'est si important, je pourrais faire un registre féminin de toutes les voix qui ont compté pour moi. Mais ça peut être aussi tout à fait négatif. Immédiatement on le sent, au premier mot, que ce soit au téléphone ou ailleurs. C'est la voix qui importe, exactement comme en littérature, vous le savez bien. La voix c'est l'âme et le corps. J'étais très proche de ma mère, sans doute trop. Magnifique lien. C'est un problème lorsqu'on arrive garçon au milieu de filles, on veut comprendre les différences. Je voulais saisir le langage des filles, j'écoutais la conversation de mes sœurs à travers la cloison, elles rentraient de soirées et parlaient, riaient, chuchotaient, je faisais de l'espionnage pour savoir ce qu'elles pensaient des hommes. Elles disaient des horreurs, évidemment. Elles étaient très délurées, sorties, surprises-parties, danses, mais il fallait se marier et puis avoir des enfants, c'est ce qu'elles ont fait. J'ai maintenant des rapports idylliques avec une petite-nièce charmante, qui ne s'occupe que d'argent, mais elle s'en occupe très bien. Elle m'achète des manuscrits. Sa mère m'achète aussi des manuscrits. Je vis comme ça. Je vends des manuscrits, oui. Rien pour les institutions, pas confiance. J'ai un collectionneur spécialiste de la question. Tout est fait à la main, pas à l'ordinateur. Je tape à la machine, je ne veux pas d'écran, ça m'aveugle. Tout à l'oreille et au souffle, là où j'ai été le plus affecté. Je ne lis pas mes textes à haute voix, ils se récitent à voix basse, à voix intérieure. Il s'agit à chaque fois de trouver la première phrase, elle doit être là d'emblée, alors on peut continuer. Expérience intérieure urgente et directe. Maître du silence, comme dit Rimbaud.

J'étais très proche d'une de mes sœurs, Annie, la cadette. Il y avait toujours cette atmosphère incestueuse dans la maison, tout était coloré d'« incestuosité ». Avec ma tante c'était pareil. Je revois chaque seconde. Je suis malade et la seule personne que je peux supporter, c'est elle, ma tante Laure, la sœur de ma mère. Elle habite dans la maison symétrique, son lit est juste derrière celui de ma mère, de l'autre côté d'un mur qui sépare les chambres conjugales. Je l'appelle, elle se dévoue et vient s'asseoir à mon chevet, contre mon lit. Robe noire. Je lui tends mon bras et lui demande de procéder comme d'habitude, de le caresser, de ne pas s'arrêter de le caresser, lentement, longuement. Elle me caresse donc la saignée du bras droit, pendant près d'une heure. Elle le fait et nous restons comme ça, en silence, très calmes, ombre dans la chambre. Dans cette scène qui dure, j'ai tous les âges, dix, onze, douze, treize, quatorze ans. On est très au courant l'un et l'autre de ce qu'on est en train de faire. Ou alors j'ai rêvé. Bien sûr que c'était un rêve, mais bien la réalité. Mon souci était de rapporter quelque chose de mes rêves dans la réalité. J'ai eu parfois l'impression d'avoir réussi. J'étais très attentif à mes rêves, c'est je crois ce que Lacan a tout de suite compris lorsqu'il m'a vu et m'a aimé. Il sentait que j'étais au courant du travail psychanalytique, j'aurais peut-être pu devenir psychanalyste, comme ça, qui sait ? Mais enfin j'ai épousé une psychanalyste, ce n'est pas un hasard. Donc là, dans la chambre, je suis malade et ma tante Laure me caresse le bras en silence, comme si elle donnait à ce bras droit la permission future d'écrire. Ça dure des années, et c'est très beau. L'image reste, je peux la contempler quand je veux. Voilà de l'érotisme spécial, ou je ne m'y connais pas. Je suis venu, j'ai vécu, j'ai rêvé. Vivre, ainsi, c'est comme si j'avais déjà vécu. Et ce qui se déroule encore sous mes yeux, je l'ai rêvé peut-être, ou quelqu'un en moi le rêve, qui n'est pas là.

Le thème du double est une manière de vivre. Parce qu'un homme averti en vaut deux, dit-on. J'ai beaucoup profité de cela, y compris dans mon identité puisque j'ai été obligé par la loi, pour pouvoir publier mon premier livre, la majorité étant encore fixée à cette époque à vingt et un ans et que j'étais plus jeune, de prendre un pseudonyme, ce que j'ai fait : Sollers. Je l'ai tiré du dictionnaire latin, il sonnait bien et il est maintenant revenu dans le dictionnaire Larousse en français, pas mal quoi. A pu le faire. Ce livre, je l'ai écrit assez vite car quand c'est parti c'est parti. J'y raconte ma première expérience amoureuse avec une femme plus âgée que moi. Elle avait trente-deux ans, j'en avais quatorze. Je l'ai appelée Concha dans le livre. Elle était réfugiée basque réfractaire, elle n'avait pas envie de rentrer en Espagne, elle travaillait chez nous. Tout à fait anarchiste d'ailleurs. J'ai connu plutôt des femmes comme ça, réfractaires, anarchistes, ne marchant jamais au pas. Les dernières nouvelles que j'aie eues d'elle, c'est qu'elle avait émigré comme beaucoup de Basques, en Argentine, puis elle a disparu complètement. Le livre lui est dédié : À E. S. M. Eugenia San Miguel. Voilà quel était son vrai nom, je peux le dire maintenant. Elle

était très belle. Le choix de son prénom, Eugenia, est amusant parce que tout le Pays basque a été popularisé par l'impératrice Eugénie. Eugénie de Montijo, l'épouse de Napoléon III. Je vous présente mon Eugenia, sur un chemin de Bordeaux, en 1950.

*

Comment transformer cet espace enchanté dans lequel je suis né, en temps enchanté ? L'espace enchanté, c'est la découverte presque immédiate que la nature est divine. Baudelaire : « La nature est un temple où de vivants piliers laissent parfois sortir de confuses paroles. » J'ai été habité par ça tout de suite et constamment. Nature, temple, vivants piliers, confuses paroles, parfums, couleurs et sons se répondent. Baudelaire va jusqu'à parler du « vert paradis des amours enfantines, les courses, les chansons, les baisers, les bouquets ».

Dans les lettres que m'adresse Dominique Rolin, on peut voir que son sentiment de la nature est extrêmement perspicace et violent. Tenez, voici la lettre qu'elle m'a envoyée de la campagne, le vendredi 2 août 1996, à 17 h 45 :

« Mon merveilleux Amoureux,

Tout se passe d'une façon exquise : les enfants, les petits-enfants, une campagne qui aurait rendu fou Cézanne : les épaisseurs contrastées du vert remontant en pente vive comme une tapisserie splendide, charnelle, presque animale jusqu'au bord du ciel, je crois avoir rarement vu une perspective aussi vivante et comme rebrodée par Dieu le père en personne. Ta voix sortant de l'appareil portable, m'entrait d'abord dans l'oreille depuis la véranda toute neuve grande ouverte sur le dehors ; mais j'ai eu la sensation – la sensation – qu'elle me dépassait après m'avoir enveloppée pour se répandre dans le paysage : un cyprès ; de gigantesques buissons devenus d'année en année de vrais arbres ; un pin ; un pêcher dont les feuilles ressemblent à des ailes d'oiseau vert ; un pommier ; une glycine au premier plan ; une immense pelouse ; des rosiers ; un arbre de Judée ; etc. etc. Ce soir je suis littéralement saoulée d'air et de verdure. Les Bébèques, splendidement chinois ; le lavoir qui leur sert de piscine et d'abreuvoir. Bref, compte tenu que mon Amoureux est là, tout près, devant son paradis d'eau tourmentée, je suis la femme la plus comblée du monde. C'était bon de t'entendre, ce sera bon ce soir, ce sera bon demain.

Je m'étais levée ce matin à 4 heures et j'ai eu

le temps de travailler après la relecture de la page d'hier, pas mal je crois. J'entre enfin dans « le vif du sujet » c'est-à-dire que je plonge parmi des vagues d'écriture libre. Certains prétendront que ce n'est pas un roman. Eh bien tant pis pour eux. Il faut se rouler dans son imaginaire, se laisser fouetter par l'écume de son inconscient sans rien surveiller. Le contrôle est fait ailleurs, hors de ma volonté. L'écrivain se doit de rester pauvre en face des montagnes de richesses qui lui sont proposées. Ni d'un côté ni de l'autre il y a demande, exigence. On n'a qu'à chercher aveuglément – mais tactiquement – la démarche musicale du récit. Le choc s'est produit au début. Après, il faut construire son modeste petit néant.

Amour, tu me plais : c'est un supplément à l'amour, c'est le bonheur dans toute sa fleur et ses parfums. Je pense à toi minute après minute. Ma pensée de toi est une bénédiction divine.

J'entends rentrer les enfants. Comme ils quittent Le Bouet dès demain, il faut que je m'offre à eux dans la mesure du possible. Alors je clos ma lettre ce soir et la posterai demain matin à Montmoreau, le gros bourg d'à côté.

Je suis ton Croco. Oublié de te parler de tes deux magnifiques lettres trouvées dans la boîte ce matin et dégustées à bord du TGV. Je te serre.

Ta P.J.B.B. »

Cette révélation devant la nature, ou cette illumination, m'a donné pratiquement tout de suite ma religion fondamentale. Religion ne veut pas dire, dans mon cas, que ça peut constituer un ensemble religieux. Bien au contraire. Si j'avais à traduire mon sentiment en termes religieux, je ferais plutôt appel et immédiatement aux dieux et aux déesses grecques. Au fur et à mesure que j'ai commencé à explorer la bibliothèque, sont venus vers moi, comme s'ils avaient envie de me parler, non seulement les dieux très classiques, Apollon, Dionysos, Zeus, mais surtout les déesses, qui, d'une certaine façon, se sont manifestées à moi, personnellement. Autrement dit ma préférée (ou peut-être suis-je son préféré puisque je suis Sollers qui veut dire Ulysse, l'homme aux mille tours, l'homme tout entier art), c'est Athéna. Elle ne manque pas de me faire signe régulièrement, Athéna, en passant, comme une mouette au-dessus de ma tête, j'aime son geste gracieux, nous nous saluons, nous nous reconnaissons. Athéna, mais aussi d'autres, Aphrodite par exemple. Être choisi par Aphrodite, c'est quelque chose de tout à fait singulier, n'est-ce pas ? Et dans le domaine de l'exploration du corps, des sensations, de la sensualité dans toutes ses dimensions, je crois pouvoir dire que je m'en suis occupé. La troisième déesse, c'est Artémis.

Comme c'est curieux. Curieux, parce que c'est précisément le titre du roman que Dominique Rolin m'avait envoyé tout de suite lorsqu'on s'est connus. Artémis, on ne la présente pas, elle est la sœur sauvage d'Apollon, celle qui n'a pas de temple et qui est en général confinée dans les endroits un peu déserts, voire dans les marais. Les marais, tiens, là encore, comme c'est étrange. Est-ce que je n'habite pas près des marais salants dans l'île de Ré, et n'est-ce pas surtout le titre d'un livre de Dominique qui a été réédité juste avant sa disparition ? C'était son premier livre. *Les Marais* et *Artémis* donc. J'essaie, pour éclairer ce continent qui m'entoure, d'être le plus précis possible et de vous montrer comment toute mon existence s'est organisée par des rencontres, des événements, des détails et des regroupements qui ne doivent finalement plus rien au hasard. Ça s'appelle, d'un terme que j'ose employer, avoir un destin, à supposer que j'en ai un, ou que j'en ai eu un et que j'en ai toujours un. Y compris posthume. Puisque ce livre qui se bâtit sous vos yeux est un livre que l'on peut imaginer comme un testament du Temps enchanté.

Là-dessus, regardez comment se greffe la découverte de la Bible. Très importante révélation, puisque dans les maisons à Bordeaux étaient visibles dans les bibliothèques les quatre ou cinq volumes en cuir reliés d'une bible ou

XVIIIe siècle, venus d'où je n'en sais rien, mais ils étaient là, avec des illustrations qui m'ont beaucoup impressionné. Il y avait le Temple. Ah bon, le Temple ? Mais alors il n'y avait pas que la Nature qui était un temple ? Il y avait donc bel et bien eu une aventure énorme où il était question d'un temple ? Oui, et même d'un temple de Dieu. Parfaitement. Et comme aller dans le saint des saints a toujours été ma préoccupation, il faut aller jusqu'au bout, donc la Bible. Logique. Vous me suivez ? Voilà comment j'avance d'un mot à l'autre, d'un texte à l'autre, d'un corps à l'autre, un peu somnambule, un peu halluciné, un peu fou, mais toujours cette même route, suivre le cours d'une pensée, associer, voyager, s'en aller sur la mer. Une pensée c'est de l'encre, c'est l'océan, ce sont les mouettes et les merveilleux nuages là-bas. Sinon, à quoi bon ? J'ai commencé très tôt à lire la Bible, il y a tout dans la Bible, tout et le contraire de tout, le noir et l'espoir, la dépression et la joie, toute la gamme. Je crois même pouvoir dire que je suis le seul écrivain français qui l'ait lue avec une grande attention, au point d'en saturer un livre comme *Paradis*.

S'ajoute à cela, très tôt, une expérience d'éblouissement pour la messe catholique. Sublime théâtre. Ce qui fait que je suis en tout atypique, c'est que je ne suis pas pratiquant mais lorsqu'on me demande si je crois ou si quelque chose peut me faire signe de ce côté-là, évidemment je suis obligé de répondre que oui, comme le prouve simplement le fait que je suis allé offrir un livre sur *La Divine Comédie* de Dante à Jean-Paul II. Dante, je l'ai lu très jeune et avec une passion qui n'en finit pas, elle reste toujours

là, intacte. La photo avec ce pape a circulé et a fait scandale. Je réentends Jean-Paul Enthoven me dire puisqu'il me voit à genoux offrir le livre au Pape : « Comment ? Ton père ne t'a pas dit qu'on ne s'agenouillait devant personne ? » Et je lui réponds : « Jean-Paul, c'est le protocole. » Le Pape me bénit, en posant sa main gauche sur mon épaule, pendant que je lui offre, à genoux, mon livre sur *La Divine Comédie*. Image parfaite. À qui offrir ce livre sur Dante sinon à un pape, puisque Dante s'est donné le privilège de mettre dans son livre plusieurs papes en enfer ? C'est un saint (il a été canonisé) qui m'a béni ce jour-là, et j'en ressens toujours le bienfait. Vif éblouissement pour ce rituel. Le seul écrivain qui a senti ce que pouvait être l'extase sensuelle de la messe catholique c'est tout étrangement Proust. Il suffit d'ouvrir *À la recherche du temps perdu*, l'église de Combray, les aubépines, etc. On connaît aussi l'attachement qu'il a eu pour les églises romanes, et comment il a pris parti contre le fait que la République, au début du XXe siècle, voulait les transformer en musées. Tout s'est donc composé pour moi d'une façon qui va m'amener, très vite, à être le plus souvent possible en Italie, où le Dieu catholique est palpable et saisissable à chaque instant. D'où Venise, peinture, musique, architecture, il y a là quelque chose que j'appelle la splendeur catholique qui est due à ce qu'on a l'habitude, scolairement, d'appeler la Contre-Réforme. Ce n'est pas une Contre-Réforme, c'est une Révolution. La révolution catholique dont se sont occupés les disciples de saint Ignace de Loyola, les jésuites que j'ai d'ailleurs fréquentés un temps avant de me faire renvoyer pour lecture de livres défendus. Je suis rentré à quinze ans chez les jésuites, c'était à Versailles, dans l'école qui s'appelle encore Sainte-Geneviève (diminutif Ginette) qui préparait aux examens. Des élus étaient là, car ce n'était pas évident d'y entrer, l'endroit était réputé pour ses brillants taux de réussite aux grandes écoles. C'est devenu maintenant un lycée, toujours tenu, en sous-main, par les jésuites mais où, stupeur, on peut même voir des filles qui étudient, ce qui était impensable en ce temps-là. J'y suis retourné il n'y a pas si longtemps et j'ai revu l'ancienne chambre où je vivais. Mes parents voulaient que je me prépare aux grandes écoles, mais enfin on ne s'est pas trop entendus, les jésuites et moi. Les chambres étaient fouillées et j'avais dans ma bibliothèque des auteurs surréalistes comme Breton, Aragon, Artaud, Bataille, mais aussi le marquis de Sade qui venait de paraître et sur lequel je m'étais précipité. Renvoyé, illico. Il faut souligner que je suis un agent spécial de la contradiction maintenue, surmontée, et dialectiquement résolue. C'est-à-dire que je suis, aux yeux des gens qui ne vivent que sur des clichés dogmatiques, plein de contradictions. C'est ce qui m'anime et ce qui me pousse. La vérité est paradoxale et contradictoire. Rien à voir avec la doctrine sexuelle catholique, dont l'Église est en train de périr avec les scandales pédophiles à gogo, etc. L'erreur catholique me paraît être sur ce plan-là, c'est-à-dire vouloir contrôler la sexualité, ce qui d'ailleurs est l'objectif de toute religion, mais je ressens très fortement la ruine de l'Église catholique. Allez, je vous offre un bouquet de questions. La mort n'est-elle pas la négation de toutes vos valeurs ? Pourquoi une chose ne serait-elle pas elle-même et son contraire ? Qu'est-ce que le temps et pourquoi précède-t-il l'espace ? Pour quelles raisons rêvons-nous, oublions-nous, nous répétons-nous ? Pourquoi d'ailleurs faut-il qu'il y ait un « nous » ? L'éloge de la contradiction, c'est mon sujet. Car en tant qu'agent secret, je me dissimule, je me mets à l'écart. À l'écart toujours, toujours. Pleinement engagé, pleinement à l'écart.

Je poursuis donc mon autoportrait puisque telle est la ligne demandée pour ce livre. En traits et portraits. Musique, couleurs, vertiges. Et mouvement bien sûr : sans mouvement il n'y a rien. « À droite l'aube d'été éveille les feuilles et les vapeurs et les bruits de ce coin du parc, et les talus de gauche tiennent dans leur ombre violette les mille rapides ornières de la route humide. » Rimbaud, toujours lui, toujours merveilleusement lui.

De là j'ai percuté l'Italie, puis est apparue une autre passion très précoce, peut-être simplement parce qu'il y avait un globe terrestre lumineux chez moi, bourgeoisie éclairée, ne pas l'oublier. Un globe lumineux et tournant que je regardais sans cesse. Dans la nuit il resplendissait. Dehors, le parc, le bruit des chevaux au loin, le vent dans les arbres, toujours très doux le vent, temps enchanté. J'étais très bon en géographie et en histoire, pour moi c'est la même chose, et en latin bien sûr, excellent en latin. Là, sur ce globe qui tournait alors que la nuit vivait sa vie secrète dehors, je vois du jaune. Qu'est-ce que ce jaune ? C'était vraiment dessiné en jaune, je ne rêvais pas cette fois. Et ça m'attirait, espèce d'aimant ou de phare magnétique. La Chine. Mais quel est donc ce pays dont on ne me parle jamais jamais jamais ? Au lycée, on ne parlait pas non plus du catholicisme, cela allait de soi, mais on parlait encore moins de la Chine. Quel est donc ce pays sur lequel on faisait silence ? La première fois que j'en ai entendu parler, c'était par un vieux jésuite qui était venu faire une conférence à l'école Saint-Geneviève. Qui connaît mieux et qui s'est investi le plus dans la politique chinoise ? Bien évidemment, les jésuites, qui ont été ensuite désavoués par Rome, hélas. La Chine m'intriguait, et j'ai commencé à lire beaucoup autour d'elle. De même que je lisais la Bible et les Grecs, surtout mon écrivain préféré, Homère (à cause des dieux de *L'Iliade* et de *L'Odyssée*), de même très vite j'ai eu envie de savoir de quoi ça parlait, la Chine. Je m'aperçois alors que c'est énorme. Pourquoi une telle ignorance ? Était-ce du racisme, le péril jaune, etc. ? Encore aujourd'hui, si on gratte un peu, on ressent toujours cette crainte, cette méfiance par rapport à un pays dont tout indique qu'il se déplace avec d'autres paramètres ou algorithmes ou « croyances » que le monde occidental. La Chine, nouvelle passion. Dans mon bureau, regardez, il y a trois choses chinoises. D'abord une petite sculpture qui représente un moine taoïste dont la liberté d'expression est complète. Ensuite, un tableau qui a l'air d'être peint par un Chinois mais qui est de la main d'un jésuite italien, Giuseppe Castiglione : « portrait équestre de l'empereur lors d'une grande inspection des troupes en 1739 ». Castiglione avait rejoint la mission de Chine en 1715. Les jésuites sont allés en Chine et le plus important d'entre eux est le père Matteo Ricci, sur la tombe duquel je me suis recueilli à Pékin, lorsque j'y suis allé, en 1974.

Matteo Ricci avait compris tout de suite qu'il ne fallait pas s'adresser aux confucianistes locaux, mais plutôt aux lettrés, pour établir directement un dialogue. C'est un jésuite italien admirable, doté d'une mémoire phénoménale. Essentielle, la mémoire. Et de ce voyage en Chine, j'ai rapporté une calligraphie qui m'accompagne toujours. La voici dans mon bureau de Gallimard. Je l'ai achetée à Pékin en 1974. C'est un poème qui se lit de haut en bas, et de droite à gauche. La calligraphie est un art superbe. Vous n'avez pas le droit au repentir. Ça m'impressionne beaucoup parce que tout doit être fait à la main. J'écris moi aussi tout à la main. Main, voix, souffle. Pas peur de la répétition. La main est en accord avec le souffle. En calligraphie, si vous faites une erreur, vous ne pouvez pas la corriger, il faut déchirer et recommencer. Par exemple, en haut de la troisième colonne en partant de la droite, il y a un zigzag tout à fait inspiré, qui prouve que le type qui a écrit ce poème savait exactement non seulement ce qu'il était en train d'écrire, mais qu'il se mettait complètement en immersion dans ce que dit ce poème, il était devenu le poème. Il est question d'un moine taoïste, voilà une de mes facettes religieuses d'agent secret, parce que c'est le taoïsme qui m'intéresse particulièrement. Un moine part à la recherche d'un autre et, pour cela, va traverser les montagnes, les fleuves, etc. Il marche des jours et des jours et arrive enfin au pays des fleurs pour rencontrer l'autre moine. Mais le moine n'est pas là. Bien évidemment, il n'est pas là, c'est l'essentiel du poème qu'il ne soit pas là, sinon il n'y aurait pas de recherche. On retrouve ici les grands taoïstes chinois pour qui le moindre trait du cheminement demande à être pénétré personnellement, d'où ce zigzag inspiré. Les grands taoïstes, Laozi ou Zhuangzi, avec sa parabole du rêve du papillon. L'histoire d'un sage qui rêve d'un papillon et se demande en se réveillant s'il a vraiment rêvé d'un papillon ou s'il n'est pas plutôt un papillon qui a rêvé de lui. Tout cela est éblouissement et merveille, mais doit toujours être appuyé sur une solide culture classique. Le paradis est classique, l'enfer est moderne. Le paradis classique, c'est-à-dire l'éternel retour de l'ordre, de la beauté, du calme, du luxe et de la volupté comme dit le plus grand poète français, Baudelaire. « Là tout n'est qu'ordre et beauté, luxe, calme et volupté… Mon enfant, ma sœur, songe à la douceur, d'aller là-bas vivre ensemble, vivre et mourir au pays qui te ressemble. » Mourir non, pas d'accord, il n'y a aucune raison de mourir, il faut corriger. Le paradis est classique, l'enfer est moderne. Il faut échapper à l'enfer c'est-à-dire au mensonge social qui ne sécrète que du mensonge pour recouvrir une angoisse constante, une perte d'identité, une perte d'équilibre dans l'identité. On reconnaît ici tout ce dont l'actualité nous parle à jets continus, par exemple le confusionnisme de l'« art moderne », ou les attaques pulsionnelles contre le catholicisme, pour remplacer une religion ruinée par une autre qui est ruineuse.

*

梅花欢喜漫天雪
冻死苍蝇未足奇
数风流人物 还看今朝
1969
人民美术出版社 1969年出版

La Chine m'intéresse, non seulement à cause de la guerre avec les États-Unis, mais aussi pour les « Triades », ces structures taoïstes très anciennes, sociétés secrètes, le plus souvent mafieuses. Le temps a passé, mais voilà la question qui se pose aujourd'hui : est-il raisonnable de penser que Mao Zedong, dont tout prouve, notamment par sa calligraphie et ses poèmes, qu'il a étudié de près le taoïsme, ait pu prendre le pouvoir en Chine sans l'appui des Triades ? Il l'a fait au nom du Parti communiste chinois, et si c'est avec l'appui des Triades, il aura été un mafieux de très grande envergure, parce que ça suppose des connaissances considérables sur l'art de la guerre, la prise de pouvoir, avec la Longue Marche et un complotisme constant. Ce qui m'a complètement surpris, c'est le jour où, tout à coup, il a fait sa baignade dans le Fleuve bleu, en faisant d'abord courir le bruit qu'il était fini, qu'il allait abandonner le pouvoir, qu'il n'avait plus de forces. Très habile Mao, très habile : la vie, la survie, il s'y connaissait. Il était le plus secret de tous les agents secrets. Très dissimulé, très tacticien, très stratège, enfin c'est une longue histoire. Regardez-le. Il a soixante-quinze ans et va se baigner dans le fleuve, geste taoïste typique. Il nage sur quinze kilomètres, il ne se fatigue pas du tout, le spectacle est ahurissant, il s'entoure de tas de types qui nagent avec lui, avec des drapeaux rouges. Ah, les drapeaux rouges… J'ai vu entrer un matin à Venise un grand bateau, au moment de la Révolution culturelle, avec des drapeaux rouges partout, hélant la population et appelant le prolétariat à se soulever contre le Parti communiste italien, qualifié de traître. Il ne faut pas nier ni minimiser les atrocités qu'il y a eu, la révolution, disait ce grand criminel de Mao, « n'est pas un dîner de gala ». Des atrocités il n'y avait que ça. Des deux côtés. Mais la Révolution française n'a pas été précisément un dîner de gala. Et ça continue… Le problème est de toujours savoir ce qui s'achemine là-dedans. Il y a un texte de Mao qui s'appelle *De la contradiction*, admirable texte que j'ai commenté. Lisez-le, il est magnifique, il a été publié au moment de la Longue Marche. Mao a pris du temps pour l'écrire. Il décrit l'aspect principal de la contradiction principale, son aspect secondaire… bref, une série de démonstrations et autres développements, tout cela formulé dans le pur style chinois classique, le grand maître étant Sunzi, dans *L'Art de la guerre* : « Quand vous êtes capable, feignez l'incapacité. Quand vous agissez, feignez l'inactivité. Quand vous êtes proche, feignez l'éloignement. Quand vous êtes loin, feignez la proximité. » Ou : « Celui qui n'a pas d'objectifs ne risque pas de les atteindre. » Ou encore cette phrase qui est en exergue de mon roman *Portrait du joueur* : « Attaquez à découvert, mais soyez vainqueur en secret… Le grand jour et les ténèbres, l'apparent et le caché ; voilà tout l'art. » Qui dit mieux ?

Donc la Bible, les Grecs et la Chine. Le tout rassemblé dans une action qui consiste à créer une revue trimestrielle de littérature, philosophie, art et politique, la revue *Tel Quel*, qui court pendant vingt ans avec, en effet, un épisode chinois très marqué. Ce qui a fait du bruit. Tout le monde a prédit qu'il y aurait d'autres revues plus influentes. Ce n'est pas vrai. Prenez un dictionnaire, c'est archivé. Ce qui m'intéresse, c'est l'archive. Il faut la preuve qu'une action en général très dissimulée, très secrète, très bien informée, très contradictoire en apparence mais pas forcément en réalité, a fait son travail au moment où il le fallait. Point. Donc là-dessus, pas d'autocritique, ni de retour. *Tel Quel*. Toujours dans l'action, en avant, voilà. En mettant l'accent sur le fait d'écrire à la main, de taper ensuite à la machine à écrire parce que je ne veux pas d'écran devant moi, tenir le coup sur la page, c'est tout. C'est le nerf de la guerre de l'agent secret. Ma philosophie est celle des Lumières. S'il s'agit d'un autoportrait, le voici. En chair, en os, en musique, en poésie. Ce qui m'appelle ou m'illumine, c'est quelque chose qui a trait à l'histoire de l'illuminisme. On a beaucoup parlé de ce qui a fomenté la Révolution française, mais c'est l'illuminisme qui est là, le héros que j'appelle le Philosophe Inconnu a été présent dans la Révolution, avec le mouvement qui s'appelait

Les Illuminés de Bavière. Il y a eu là un adepte capital, qui n'est autre que Mozart. Tout cela est lié à la maçonnerie et à bien d'autres choses, recouvertes par des tonnes de charlatanisme et d'obscurantisme. J'essaie de faire la lumière sur la lumière.

*

La lumière, lorsqu'on en fait l'expérience interne, éblouit. C'est ce qu'on peut appeler le coup de foudre. Ça existe, je l'ai rencontré. À plusieurs reprises. Ou plutôt « le coup de nuit » parce que la foudre sans la nuit… Il faut la nuit. La nuit est sacrée. Et donc elle arrive, avec tout ce qui s'y passe. Je l'écris. Je me tiens strictement à la nuit. Ce sont des expériences très singulières. Je suis la nuit.

Encore une fois, ce qui compte, ce sont les rencontres de singularités. Elles sont radicalement inabsorbables par le tissu social officiel. Tout ça se passe dans une profonde clandestinité. Sans clandestinité, rien. Des bavardages, des fausses confidences, des impasses narcissiques diverses pour briller ou pour faire entendre quelque chose qui ne serait pas dit. La lumière éblouit. Ce qui est intéressant, c'est que ça demande à être éclairé, c'est un processus de connaissance.

Connaître ce qui vous éblouit. Dans mon cas ça s'est très vite produit, et c'est ce qui me singularise probablement. Qu'est-ce qu'une singularité ? Si je lis la définition du dictionnaire, nous sommes qu'on le veuille ou non dans un espace qui s'appelle l'espace-temps. Et l'on vit dans la mécanique quantique, qui nous échappe dans tous ses ressorts mathématico-physiques, mais on sait qu'à force de faire des équations qui touchent le plus près possible l'espace-temps, on découvre des choses inouïes, on rejoint par exemple Oppenheimer, et c'est comme ça que la bombe atomique a pu exploser. Et on en parle encore. L'espace-temps, c'est tout simplement un espace (je lis la définition) à quatre dimensions, dont les points sont des événements. Il va donc falloir vivre dans cet espace à quatre dimensions. Mais il y a aussi quatre dimensions dans le temps. Les trois premières qui sont le passé, le présent et le futur. Et la quatrième qui donne la première. Alors, on est dans la quatrième dimension… Les gens se moquaient de Picasso lorsqu'il peignait *Les Demoiselles d'Avignon*, souvenir des prostituées de Barcelone qu'il a beaucoup fréquentées. Il avait son diplôme érotique professionnel, Picasso. Là, les points sont des événements. Vivre avec la sensation que se produisent sans arrêt des événements, pas forcément énormes, souvent furtifs. L'art, c'est ça.

C'est une science des événements. La littérature c'est ça aussi, bien entendu. Ou la poésie. C'est pareil. Ou la peinture, la musique. Quatrième dimension.

Maintenant, je disais « singularités ». Une singularité va-t-elle rencontrer une autre singularité ? Ou pas ? On peut très bien vivre sans jamais rencontrer de singularités ou sans se rendre compte qu'on est soi-même une singularité, qui échappe absolument à toute réduction, car c'est là l'endroit où le langage agit avec le plus de force, sous toutes ses formes. La singularité, selon la définition du dictionnaire, c'est un point dans l'espace-temps où la courbure de l'espace-temps devient infinie. Voilà pourquoi de *Tel Quel* on peut passer à *L'Infini.* Et voilà pourquoi encore j'ai été très surpris lorsque Dominique a écrit, en 1980, un livre qui s'appelle *L'Infini chez soi.* Je n'ai donc eu qu'à changer le nom de *Tel Quel.* En quoi ? En ce bureau dans lequel vous me voyez improviser ce curieux livre, le bureau de *L'Infini.* Premier numéro, janvier 1983, avec passage des éditions du Seuil à Gallimard. Qu'est-ce que le temps ? L'espace ? Le corps ? La mémoire ? La naissance ? La mort ? L'amour ? La présence ? Le langage ? L'angoisse ? le bonheur ? Le rêve ? Le hasard ? L'oubli ? Combien êtes-vous en vous-même ? Un ? Deux ? Trois ? Une foule mal maîtrisée d'anciens « moi » ? Maintenant, regardez-les, ces deux-là. Ils sont dans « la ville étrangère ». On reconnaît Venise, qui devient dans la seconde moitié du XXe siècle une réalité et un mythe nouveaux, un laboratoire où semble pouvoir s'exercer pour eux un maximum de sensations. Musique, amour, art, passants, couleurs, rêves. Printemps et automne, tous les ans, métronome de l'amour, fenêtres sur les Zattere, à gauche la Salute et, en face, la Giudecca. Tout de suite, ces deux acteurs principaux sont comme morts, doués d'une autre vie que celle de la chronologie. Que se passe-t-il autour d'eux ? Rien, ou plutôt une multitude de riens magnétiques comme dans *Ulysse*. Ils observent, ils sentent, on dirait qu'ils ont vécu il y a un siècle, deux singuliers voyageurs sortis de la mécanique psychologique et de la contradiction sexuelle, unis par un certain *silence*. Écrire, regarder, rire, silence. Toujours. Mais oui, dans écrire, il y a rire, bien sûr. Et il y a cri, mais ici c'est l'envers du cri, ou un cri de joie. Eux, c'est peut-être vous. Ou nous, Dominique et moi. Deux singuliers voyageurs.

*

L'INFINI

Littérature / Philosophie / Art / Science / Politique

1

Hiver 1983

Toutes mes rencontres importantes ont été des rencontres de singularités. Quand il y a vraiment rencontre, il y a création d'une courbure qui implique une singularité au sens de l'espace-temps ; et c'est vérifiable dans toutes les vraies rencontres, qu'elles soient masculines ou féminines. Du côté féminin ça commence très tôt. Quatorze ans, avec Eugenia, Basque du côté espagnol. Ensuite, Dominique. Ensuite, Julia. Voilà pour les plus avouables, puisqu'elles sont connues, mais maintenant je laisse la liste ouverte aux biographes éventuels. Pour ce qui est des hommes, ça commence aussi très vite avec des rencontres de singularités. Le premier avec lequel j'ai été très ami, au point de faire une conférence sur lui à la Sorbonne lorsque j'avais vingt-deux ans, c'est Francis Ponge. On s'est fâchés ensuite parce qu'il n'a pas compris ce que je faisais en 68, nous nous sommes brouillés pour des raisons apparemment politiques. Mais enfin il a été un très grand ami. *Tel Quel* a été créé avec lui. Ce qui ne plaisait pas du tout au subtil Paulhan qui voyait, à juste titre, que la revue allait être une opposition à *La NRF*. Et *La NRF* battait de l'aile au moment de Paulhan. Après, il y a eu plusieurs refontes, mais c'est toujours le même papier à lettres du bureau où je me trouve maintenant, NRF. Donc Francis Ponge. Celui qui m'a le plus impressionné, mais vraiment sans commune mesure, même si Ponge m'impressionnait beaucoup, celui qui venait au Seuil dans le bureau de *Tel Quel* en fin d'après-midi, rue Jacob, qui s'asseyait et parlait très peu, celui dont la présence était irradiante, n'était autre que – et j'y pense très souvent – Georges Bataille. Son élégance, sa voix. J'avais lu *L'Expérience intérieure* lorsque j'avais dix-huit ans, à Bordeaux, une lecture qui ne m'a plus jamais quitté, et j'ai publié dans *Tel Quel* ses « Conférences sur le non-savoir », un texte fondamental. En 1972, le colloque de Cerisy, « Vers une révolution culturelle, Artaud-Bataille », reste mémorable, Antonin Artaud étant un autre personnage essentiel. J'ai même été condamné par un tribunal français pour avoir publié sa Conférence au Vieux-Colombier. De là une amitié très profonde et très active avec Paule Thévenin qui tenait la clé de cette fulgurante aventure. J'ai traduit avec elle des textes en espagnol, publiés au Mexique. Mais revenons à Bataille. Comment était-il ? Très beau, très silencieux et, comment dire, brûlé d'une façon calme, très calme. Et surtout quand il disait des choses comme ça. « Vous voyez, quand j'étais au lycée, on m'appelait la brute. » Il parlait bas. Ou alors sur un ton à l'ironie perceptible : « Oh, il est sûr qu'on peut difficilement aller plus loin dans la sagesse que Maurice Blanchot. » C'était très sévère comme jugement, d'autant plus que Blanchot n'a pas cessé de s'emparer de Bataille, avec cette merveilleuse histoire où Bataille ayant publié *Madame Edwarda*, chef-d'œuvre qu'il faut relire et relire, avec l'exergue de Hegel – « La mort est ce qu'il y a de plus terrible, et maintenir l'œuvre de la mort c'est ce qui demande la plus grande force » –, pense écrire une suite. Et Blanchot, au fond très puritain, s'exclame : « Surtout, n'y touchez pas ! » Hegel, penseur de la Révolution française, donc de la mort. Bataille, Nietzsche. Ah voilà. Il n'y a rien de plus émouvant que de relire le Mémorandum de Bataille et le choix des citations qu'il fait de Nietzsche. Nietzsche qu'il a compris, notamment lors du mouvement Contre-Attaque sur la falsification nazie de Nietzsche, la sœur de Nietzsche avec Hitler, etc. Il a compris tout de suite qu'il fallait contre-attaquer et défendre absolument Nietzsche contre cette falsification grossière. Grossière mais qui a toujours cours d'une façon ou d'une autre, je réentends un journaliste cubain à qui je parle de Nietzsche. Il me dit alors : « Chez nous, à Cuba, il est toujours considéré comme un auteur fasciste. » Bataille était très touchant : « Rire de l'univers libérait ma vie. J'échappe à la pesanteur en riant. » Ou, encore dans *Le Coupable*, ces phrases : « Je ne suis à la vérité que le rire qui me prend. L'impasse où je m'enfonce, et dans laquelle je disparais, n'est que l'immensité du rire… » Merveille. Je le revois encore, on était au Pré-aux-Clercs, on prenait un café tous les deux et entre, ô magie, André Breton qui va s'asseoir à une autre table. André Breton que j'étais allé voir, après l'avoir sollicité pour *Tel Quel*. J'aurais aimé qu'il réponde à un questionnaire, mais il ne voulait pas, il m'écrivait toujours des lettres en me disant « je n'ai pas le temps de vous répondre ». J'ai été le voir rue Fontaine, je le revois lui aussi très exactement, son extraordinaire courtoisie, sa diction précise. C'est pour moi la plus belle dédicace que j'aie reçue, à l'occasion de la réédition des *Manifestes du surréalisme*, en 1962, chez Pauvert. Elle disait, de sa fine écriture bleue : « À Philippe Sollers, aimé des fées, André Breton. » Avis d'un expert. L'autre dédicace à laquelle je tiens beaucoup est celle d'Aragon. J'ai encore de lui cette plaquette de la revue *Commerce*, qu'il m'a donnée, un tiré à part d'un texte de sa jeunesse : *Une vague de rêves* – un extrait de *Défense de L'infini* : « À Philippe Sollers, de la part d'un de ses cadets. » Voilà pour les rencontres de singularités masculines. Il y en a eu d'autres, bien sûr, avec des brouilles, par exemple avec Derrida, ou avec Althusser que j'essayais de convaincre de ne pas subir d'électrochocs, liés au lithium, mais qui y repartait quand même. J'ai eu de belles promenades avec lui. Un jour, je lui téléphone pour prendre rendez-vous et je tombe sur sa femme Hélène Rytmann-Legotien – de son nom de résistante –, morte étranglée le matin du 16 novembre 1980 à l'École normale supérieure. Ce n'est pas rien un philosophe qui étrangle sa femme… Il s'est expliqué là-dessus dans *L'avenir dure longtemps*, il n'a pas été condamné. Au téléphone, Hélène me dit : « Vous ne devriez pas écrire à Louis parce que… » Elle ouvrait donc son courrier, ce qui m'a extrêmement choqué. Elle était très communiste, beaucoup plus dogmatique que lui. Vous voyez, c'est la guerre. Il fallait donc tout le temps se battre sur plusieurs fronts à la fois, ce qui demande une sorte de virtuosité nerveuse. On peut très bien être écrivain, vivre dans sa tour d'ivoire avec une vision historique un peu étroite, on obtient alors une vénération que je n'ai jamais pu obtenir, parce que je ne la mérite pas. Comme Julien Gracq, avec le pèlerinage obligatoire à Saint-Florent-le-Vieil et la « Pléiade » de son vivant. Ce n'est pas mon genre. Donc je suis pour les contradictions et la guerre. D'où ma mauvaise réputation en général, très brouillée. Mais cette mauvaise réputation me protège, elle est ma liberté. Parfois je suis même inquiet parce qu'il faut relancer la mauvaise réputation. Mais je ne crois pas avoir de grands moments d'abattement. Je suis saisi tout le temps par la joie. Si j'ai un moment un peu perturbé, je mets de la musique, et ça passe tout de suite. Haydn, Bach, Cecilia Bartoli, Martha Argerich, Monteverdi, Mozart. « Il n'y a pas », dit Montesquieu, dont je suis le jeune élève, « de malheur dont une demi-heure de lecture ne m'ait délivré ». C'est le pays d'où je viens, Montaigne dans sa librairie, comme il l'appelle, Montesquieu dans son château, ou Stendhal en Italie.

*

Connaissez-vous mon numéro sur la maternité ? Je l'ai écrit dans *Femmes,* mais j'aimerais le redire ici. Écoutez. Nous sommes en plein tumulte à propos du voile, je viens de m'expliquer là-dessus mais aussi sur la PMA et la GPA, procréation médicalement assistée et gestation pour autrui, etc. Je vois soudain une manifestation en face de chez moi, là où se trouve la maternité de Port Royal, on peut lire dans un triangle les inscriptions visibles, républicaines : Liberté, Égalité, Fraternité. Et en dessous, en caractères beaucoup plus grands : MATERNITÉ. Évidemment ça servait mon propos quand j'ai écrit *Femmes.* « À qui appartient le monde ? Aux femmes, c'est-à-dire à la mort. Là-dessus, tout le monde ment. » Le fragment de phrase le plus important est « là-dessus tout le monde ment », les femmes comme les hommes. Maternité, c'est la mort. Sauf qu'il est impossible de parler avec une femme en lui disant : « Vous avez eu un enfant, avez-vous eu conscience de travailler pour la mort ? ». Il n'y en a qu'une qui m'a dit : « Oui, j'en ai eu conscience. » Donc, je vois des manifestants réactionnaires passer, avec des pancartes mélancoliques à la main : « Liberté, Égalité, Paternité ». Oh, mais ça c'est pour moi. Je viens de vous parler justement de la ruine du catholicisme. Ça veut dire que ça touche à la question du nom du Père. Au nom du Père, du Fils et du Saint-Esprit. Qu'est-ce que c'est que ça ? Je ne parle même pas de la Vierge Marie, qu'on peut rajouter en guise de supplément d'âme, ni de lévitation avec l'Assomption, mais laissons cela tranquille pour le moment, j'y reviendrai. Qu'est-ce que le Nom du Père ? Il y a quelqu'un qui s'est exprimé là-dessus toute sa vie, c'est le Révérend Père Lacan dont j'allais tous les mardis écouter les séminaires à l'École normale supérieure, après avoir suivi son déménagement de la faculté de droit. Donc, le Nom du Père ? Qu'est-ce que la forclusion ? *Verwerfung* en allemand, c'est comme ça que Lacan traduit la forclusion. Forclusion ça signifie qu'on a refoulé la question du Père. On peut remarquer que de nos jours on s'en débarrasse volontiers et complètement, de cette question. Bien. Qu'est-ce que ça entraîne, cette forclusion du Nom du Père ? Là je vais suivre Lacan à la lettre : ça entraîne tout simplement la psychose. Les différentes formes de psychoses, la bipolaire (autre nouveau nom merveilleux de la maniaco-dépressive), la schizophrénie, la paranoïa. Mais aussi des phénomènes qui tiennent à l'hallucination, la perte du réel. La plupart des gens emploient de plus en plus l'expression « c'est hallucinant ». Eh bien oui, l'hallucination, la perte du réel, voilà ce qu'entraîne la forclusion du Nom du Père. Le Père ça n'est pas le géniteur, le Père c'est un Nom. Et qu'est-ce que devient le nom ? Encore une fois : Au nom du Père, du Fils et du Saint-Esprit, comme l'a dit l'Église catholique en martelant ça sans arrêt. Et je vous salue Marie pleine de grâce… C'est une architecture sublime qui a donné lieu à une série invraisemblable de chefs-d'œuvre dans tous les domaines. Voilà en quoi je crois.

*

Parmi les rencontres de singularités que j'ai faites, je dois ajouter la rencontre de Roland Barthes. Je le connais alors un peu pour l'avoir lu (*Mythologies*), lorsqu'il vient assister à une conférence de Ponge. Là-dessus, nous allons nous revoir, et je vais lui poser des questions, car la revue *Tel Quel*, à mon initiative, se met à interroger des philosophes ou des penseurs critiques. Il s'ensuit des rencontres régulières avec lui et une très grande amitié qui va se poursuivre pratiquement jusqu'à la fin avec des rendez-vous, au moins une fois par mois. On se voit d'abord à La Coupole, et on va dîner au Falstaff, à Montparnasse, ce sont des dîners éblouissants, on travaille sur l'actualité et sur la littérature. C'est au cours d'une conversation qu'il me confie : « Vous voyez, tout va très mal, plus personne ne sait plus rien de la littérature, il faudrait refaire l'*Encyclopédie*. » C'est le programme que j'ai voulu réaliser après sa mort, à travers de nombreux volumes : *La Guerre du goût*, *Éloge de l'infini*, *Discours parfait*, *Fugues*, *Complots*. J'ai tout de suite été séduit par sa liberté d'esprit, qui venait, je crois, d'une profonde admiration chez lui pour Nietzsche. Là-dessus est arrivé, dans la guerre que je menais, un personnage très singulier, Julia Kristeva, qui deviendra très vite ma femme. Elle suivait le séminaire de Barthes et l'intriguait beaucoup, on peut dire qu'elle était l'étoile de son séminaire. Il va même admettre en dirigeant sa thèse, où il faisait partie du jury, qu'il a subi son influence. Notamment autour de ce concept qui, depuis, a traîné un peu partout, l'« intertextualité », puisqu'un texte est le résultat d'un entremêlement d'autres textes et devient alors une substance très particulière. Barthes s'en est fait alors le spécialiste, en empruntant beaucoup à Julia. Lorsqu'elle a été attaquée en France où elle n'est d'ailleurs toujours pas, d'après moi, reconnue à sa juste valeur, puisqu'elle est docteur *honoris causa* de toutes les universités étrangères, et qu'elle n'a jamais acquis une reconnaissance aussi grande en France, Barthes a publié un très beau texte sur elle dans *La Quinzaine littéraire*, « L'Étrangère ». J'ai dédié un livre à Julia, avec son prénom écrit en caractères cyrilliques. *Nombres*. Le précédent, *Drame*, était dédié à Dominique, avec juste ces deux lettres : À D., c'est le livre le plus serré que j'ai écrit, paru donc en 1965. Un livre pour lequel Barthes va s'engager d'une certaine façon, puisqu'il écrit un très long texte qui paraît d'abord dans la revue *Critique*, « Drame, poème, roman », et qui sera recueilli plus tard dans un livre, *Sollers écrivain*, reparu dans la collection « Points-Seuil », avec la seule photographie qui nous montre ensemble. Nous sommes à Cerisy, au colloque que je dirige : « Artaud-Bataille. Vers une révolution culturelle », vous remarquerez déjà l'accent chinois dans l'intitulé… Nous sommes en 1972. Barthes y fait une communication sur Georges Bataille. Voici un extrait de son texte dans *Sollers écrivain*. « L'écrivain est seul, abandonné des anciennes classes et des nouvelles. Sa chute est d'autant plus grave qu'il vit aujourd'hui dans une société où la solitude elle-même, en soi, est considérée comme une faute. Nous acceptons (c'est là notre coup de maître) les particularismes, mais non les singularités ; les types, mais non les individus. Nous créons (ruse géniale) des chœurs de particuliers, dotés d'une voix revendicatrice, criarde et inoffensive. Mais l'isolé absolu ? Celui qui n'est ni breton, ni corse, ni femme, ni homosexuel, ni fou, ni arabe, etc. ? La littérature est sa voix, qui, par un renversement "paradisiaque", reprend superbement toutes les voix du monde, et les mêle dans une sorte de chant qui ne peut être entendu que si l'on se porte, pour l'écouter (comme dans ces dispositifs acoustiques d'une grande perversité), très haut au loin, en avant, par-delà les écoles, les avant-gardes, les journaux et les conversations. »

Barthes a été tellement un ami que j'ai écrit un livre pour lui rendre hommage, *L'Amitié de Barthes,* où figurent beaucoup de lettres qu'il m'a envoyées. Sa mort a été un des très grands chagrins de ma vie. Quand on me demandait de réagir, j'étais incapable de parler. Son accident s'est produit non loin du Collège de France, il rentrait d'un déjeuner avec François

Mitterrand, futur président de la République, et il n'y avait pas lieu que cela s'ébruite. Dans un premier temps, François Wahl, à qui je demandais des nouvelles de cet accident, me dit que Barthes va bien, que ce n'est pas grave, et c'est Eugène Ionesco qui, quelques jours plus tard, m'avertit : « Vous savez, votre ami Roland Barthes va très mal, vous devriez aller le voir. » Au début tout le monde mentait, je suis formel là-dessus. Il ne fallait pas que Barthes ait été mortellement atteint dans un accident de camionnette au sortir d'un déjeuner avec François Mitterrand, candidat à la présidence de la République. Voilà ce que je dis aujourd'hui et qui ne peut pas être contredit. Lorsque je suis allé lui rendre visite, j'ai été stupéfait de voir qu'il était dans un quasi-coma. J'ai quand même eu le temps de lui parler affectueusement, il m'a écouté et a prononcé le mot « merci ». C'était une scène absolument tragique, pathétique. Je revois Julia dans la cour de l'hôpital me disant qu'au fond il était en train de rejoindre sa mère, ce qui était très bien vu, dans la mesure où il était tombé dans un deuil profond après la mort de sa mère. *La Chambre claire* est un livre magnifique, une espèce de chambre mortuaire, sur la photographie. C'est le dernier livre qu'il a écrit, sorti en librairie après sa mort, il venait de faire son service de presse. C'est là qu'il écrit que le mot « deuil » lui est insupportable et qu'il lui préfère le mot « chagrin ». Il a l'impression que personne ne comprend son chagrin, que personne ne mesure vraiment l'étendue de son bouleversement. Barthes était un type extraordinairement sensible, comme le prouve sa merveilleuse calligraphie, ses dessins, son écriture élégante à l'encre bleue, la façon qu'il avait de comprendre à demi-mot, de mesurer chaque point de sensibilité, il suffisait d'un regard, d'un sourire ou d'un léger plissement des yeux, et l'on voyait qu'il avait compris.

Les échanges avec lui ont été très singuliers et je crois qu'il a trouvé en moi, toute sa correspondance publiée dans *L'Amitié de Barthes* le prouve, un lecteur plus qu'attentif. Il constatait que les vrais lecteurs se faisaient de plus en plus rares et c'est pour cette raison qu'il m'a choisi comme éditeur, et qu'il me faisait lire ses manuscrits et attendait mes remarques. C'est bien évidemment dans la collection « Tel Quel » que j'ai publié ses livres, dont *Fragments d'un discours amoureux*, son best-seller. Mais auparavant, il y avait eu cet épisode de guerre autour de son essai *Sur Racine*, une grande controverse avec Raymond Picard, spécialiste de Racine, qui était défendu de façon fanatique par *Le Monde*, sous la plume de Jacqueline Platier. Là, c'est très étrange, il y a eu une telle hostilité contre lui et contre la nouvelle critique en général, que nos liens d'alliance presque militaire se sont resserrés. C'est-à-dire que c'est la guerre. Permettez-moi de le répéter : ça a toujours été la guerre. C'était déjà la guerre avant qu'il entre lui-même au Collège de France, par rapport à Foucault. Derrida, Lacan, tous ces gens étaient en marge et encore loin d'être reconnus. Je dois dire que j'ai quand même beaucoup agi pour leur succès, y compris pour celui de Julia Kristeva. Donc, pourquoi Barthes a-t-il voulu que je sois son éditeur ? Après tout il était une star du Seuil, mais le Seuil ne l'aimait pas. Il était sous la tutelle de François Wahl à l'époque, mais il ne demandait qu'à se détacher de lui d'une façon ou d'une autre. Le Seuil n'était pas dans la tradition subversive de Barthes et de Lacan. Je voudrais insister sur cette amitié, qui se résume toujours à la même chose, si j'avais à la définir : « Parce que c'était lui, parce que c'était moi. » Notre lien a été d'une grande intensité, et j'ai plaisir à le faire entrer dans ce livre. Il revendiquait d'ailleurs le droit d'une critique affectueuse et amicale : « Quand aura-t-on le droit d'instituer et de pratiquer une critique affectueuse sans qu'elle passe pour partiale ? Quand serons-nous assez libres (libérés d'une

L'écriture, donc, sourd *du plan d'inscription parce qu'elle se fait depuis un recul et un décalage non regardable (non en face à face ; incitant d'emblée non à la vue mais au tracement) qui divise le support en couloirs comme pour rappeler le vide pluriel où elle s'accomplit – elle est seulement* détachée *en surface, elle vient tisser en surface, elle est déléguée du fond qui n'est pas un fond vers la surface qui n'est plus une surface mais fibre* écrite par en dessous à la verticale de son dessus *(le pinceau se tient dressé dans la paume) – l'idéogramme rentrant ainsi dans la colonne – tube ou échelle – et s'y étageant comme une barre complexe déclenchée par la monosyllabe dans le champ de la voix : cette colonne peut être dite un « poignet vide » où apparaît d'abord un « unique trait » le souffle qui traverse le bras creusé, l'opération parfaite devant être celle de la « pointe cachée » ou de « l'absence de traces ».*

Philippe Sollers, Sur le matérialisme, *1969.*

fausse idée de l'"objectivité") pour inclure dans la lecture d'un texte la connaissance que nous pouvons avoir de son auteur ? Pourquoi – au nom de quoi, par peur de qui – couperais-je la lecture du livre de Sollers de l'amitié que j'ai pour lui ? Peu d'hommes, cependant, donnent à ce point l'impression d'un seul et même texte (tissu), en quoi se prennent à la fois l'écriture et la parole quotidienne : pour certains, la vie est textuelle. »

Il n'y a que des rencontres, et que des singularités. Je ne sais pas pourquoi on n'arrête pas de parler, surtout aujourd'hui, de la séparation des hommes et des femmes, car cette différence indépassable, je n'y crois pas. Il y a des personnes, et pas de généralisations possibles, voilà sur quoi je me suis toujours reposé. Tout communautarisme me paraît imbécile. Pas d'inconscient collectif non plus, que des inconscients ultraprivés. Sans quoi la psychanalyse n'aurait pas pu exister, Freud aura au moins mis l'accent là-dessus. Toi c'est toi, moi c'est moi, et voilà, et bonne chance. Il peut bien sûr y avoir des passerelles, des dialogues, des singularités qui se rencontrent, et qui font ensemble quelque chose de très positif. Par exemple entre le lecteur et l'écrivain. Saisir la chance, l'Occasion, la Fortune, comme dans le prologue du *Retour d'Ulysse* de Monteverdi, écoutez, c'est sublime.

*

Reprenons. Lorsque quelque chose d'essentiel se passe, le temps est là et a tendance, en suivant la courbure de l'espace-temps, à devenir infini. Mes partenaires ont toujours été des rencontres singulières où l'essentiel a été touché, ce qui est la preuve même, écrite, dans le cas de Dominique. Mais il y a beaucoup d'autres preuves qui ne sont pas écrites. On n'est pas obligé de tout dire. On n'est pas obligé de tout écrire. Il peut y avoir une certaine virtuosité dans la clandestinité, ce que je recommande à toute personne qui sait un peu de quoi il s'agit dans ces affaires. Car si ce n'est pas clandestin, c'est tout de suite l'indiscrétion. La société a horreur qu'il y ait des rencontres dans l'espace-temps. Dans *Point de lendemain*, un petit texte splendide de Vivant Denon, que j'ai commenté dans *Le Cavalier du Louvre*, le personnage féminin dit à un moment donné, lorsqu'elle demande au narrateur de ne dire à personne ce qu'il va découvrir : « La discrétion est ma vertu préférée, on lui doit bien des moments de bonheur. » La discrétion est en effet quelque chose de délicieux, opposée à ce qui a envahi l'espace humain, désormais voué au journalisme absolu, où tout est indiscret par définition. Avec l'arrivée d'Internet, on est dans une société d'indiscrétion généralisée. C'est ce qui prouve à quel point nous sommes très loin désormais de la moindre perception poétique et esthétique fondamentale, qui ne peut s'accomplir que dans une extrême discrétion. Dans les rencontres essentielles, tous les sens sont mis en action. Il y a très peu de choses, dit Lichtenberg, que l'on peut goûter avec les cinq sens à la fois. Seul l'amour peut le faire parce que l'ouïe, le toucher, le goût, l'odorat, la vue sont ensemble convoqués, c'est ce qui s'est passé avec Dominique, dès la première rencontre. Les cinq sens à la fois. Là encore, parce que c'était elle, parce que c'était moi. Parce que c'était une autre elle, et parce que c'était un même moi qui était différent. C'est ce que j'ai appelé les Identités Rapprochées Multiples. L'IRM comme on dit. Non pas imagerie à résonance magnétique, mais identités rapprochées multiples. Le problème est de savoir si quelqu'un parvient à être le même en étant dans l'altérité.

Dominique, j'avais vingt-deux ans lorsque je l'ai rencontrée. Elle en avait quarante-cinq et en paraissait au moins dix de moins. Elle est restée ma jeunesse jusqu'au bout. « Un coup de ton doigt sur le tambour décharge tous les sons et commence la nouvelle harmonie » (Rimbaud). C'est elle qui a enchanté Venise. Nous avions d'abord fait un voyage en Italie, à Florence, ville que je voulais connaître parce que, pas loin, à Ravenne, il y a la tombe de Dante. Florence est la ville de Dante, d'où il a été proscrit et condamné à mort en tant que guelfe blanc par les gibelins. L'Italie m'appelait. De Florence, Dominique et moi sommes allés à Venise. En se promenant dans la ville – Dominique marchait beaucoup dans Venise –, elle a découvert un endroit sur les Zattere, l'hôtel La Calcina. Et là, nouvelle harmonie, printemps et automne, systématiquement. D'un côté, la pointe de la Douane, et l'église de la Salute. De l'autre, tout au bout des Zattere, la gare maritime. Les bateaux, le mouvement incessant, le ciel, la grâce. Ça s'est imposé. Le lieu et la formule. C'était notre lieu magique.

La chambre que nous occupions donnait, de l'autre côté de la Giudecca, sur l'île de San Giorgio, qu'on voit encore plus nettement depuis le ponton du restaurant Linea d'Ombra, clapotis de l'eau, ciel et brise, mémoire infinie,

elle est retrouvée, quoi, l'éternité, c'est la mer mêlée au soleil. Écriture, peinture, musique, promenades. L'église des Gesuati à dix-neuf heures avec le plafond vertigineux de Tiepolo, les lauriers rouges débordant des murs, la Linea d'Ombra, le songe de sainte Ursule à l'Accademia, les passants, l'observation, l'écoute, la beauté pure, la joie. Tout est là, réuni. Venise a été l'ouverture maximale qui était proposée pour avoir une histoire d'amour, c'est-à-dire que, pour nous, c'était le contraire de *Que c'est triste Venise au temps des amours mortes*, l'absolu contraire de *Mort à Venise* de Thomas Mann. Il y a toute une tradition mélancolico-romantique de Venise. Sartre, par exemple était très malheureux à Venise alors que Simone de Beauvoir, elle, s'y sentait très bien. C'est toute la différence entre une perception enveloppante et développée d'un corps, et des résistances que l'on peut appeler par leur nom, c'est-à-dire protestantes. Venise est un comble de splendeur catholique. Nous y sommes revenus, tous les printemps, tous les automnes, en toute clandestinité. Des personnages heureux n'ont pas intérêt à se faire remarquer. Un agent secret, s'il bouge trop, se fait remarquer. Ça réclame un système nerveux particulier qui consiste à savoir, quand il le faut, avoir des identités différentes, par sécurité. Mais attention, ne vous méprenez pas : seulement si on est *un agent secret pour son propre compte.* On n'est pas au service d'un pays, d'un État, d'une communauté. On ne défend aucune valeur d'ensemble. On persiste dans ce qu'on considère comme une illumination qui a eu lieu très tôt et qui montre toujours la voie à suivre. Ça veut dire qu'on a une boussole tout à fait exacte. « Ta tête se détourne : le nouvel amour ! Ta tête se retourne – le nouvel amour ! » (Rimbaud, encore). On fait régulièrement le point, comme un navigateur qui va, qui vient, qui embarque,

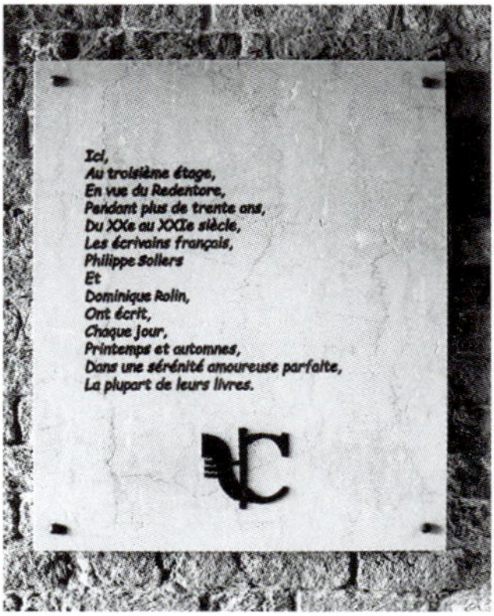

qui débarque, et qui a des relations très suivies avec des personnages de confiance. Le mot clé dans tout cela, c'est la confiance. La confiance doit être absolue. Un agent secret ne peut pas se permettre la moindre trahison dans le parcours, ou alors il la sanctionne tellement qu'on n'en entend plus parler. Ça veut dire être sûr de soi comme de l'autre, ou être sûr de l'autre comme de soi-même. Voilà les rapports qu'on peut entretenir dans la vie humaine, le temps de passer par là, dans ce voyage fugitif. Ça suppose aussi une perception extrêmement vive de la mort, qui doit être la force principale qui anime la personne. Ici est la rose, ici il faut danser.

*

« La rose de la Raison dans la Croix du Présent. » J'ai fait sculpter pour ma tombe future, dans le cimetière d'Ars-en-Ré, une croix et une rose avec cette phrase de Hegel. Ma tombe est prête, elle m'attend, près du carré des aviateurs anglais, néo-zélandais et australiens, qui sont venus se battre contre les nazis au-dessus de cette île, entre 1940 et 1942, pour ma liberté. Ils avaient vingt-deux ou vingt-trois ans, pilotes ou mitrailleurs, morts en grande jeunesse, personne n'a jamais réclamé leurs corps, le carré est très bien entretenu par les Britanniques. Ce voisinage me plaît. On peut trouver facilement ce cimetière, le clocher d'Ars-en-Ré est reconnaissable de loin, il est peint en noir et blanc car il servait d'amer aux marins, il est en cours de restauration. Ma maison du Martray n'est pas loin. Les lauriers sont immobiles, le ciel s'est figé en plaques grises, la marée est haute, des mouettes passent au-dessus de moi. Les fleurs respirent, le pin parasol et les acacias sont à leur place, l'herbe dans le léger vent, tout cela m'accompagne et m'accompagnera toujours. Encore une histoire de confiance. La rose de la Raison dans la Croix du Présent, donc. C'est parfait. Il faut tout prévoir, on est joueur professionnel ou on ne l'est pas. Sans pathos ni rien, juste de la lumière et de la musique. Cette rose est un motif de réconciliation, motif qui traverse d'ailleurs toute l'œuvre de Hegel. Le présent, qu'est-ce que c'est ? La guerre. La Croix du Présent, c'est le combat, le souci, le difficile cheminement à travers les obstacles. La Croix, quoi. Et la Croix ce n'est pas rien, on en parle encore, c'est lourd à porter. La rose, c'est ce qui doit guider malgré le supplice du présent. Il n'y a qu'à consulter l'actualité pour savoir de quoi je parle. Donc, l'existence humaine doit être menée par une raison qui dépassera la raison au sens habituel, et je n'en veux pour preuve que le texte des *Illuminations* de Rimbaud, qui s'appelle « À une raison ». Je voudrais le reproduire ici intégralement cette fois. Le voici :

« Un coup de ton doigt sur le tambour décharge tous les sons et commence la nouvelle harmonie.

Un pas de toi c'est la levée des nouveaux hommes et leur en-marche.

Ta tête se détourne : le nouvel amour ! Ta tête se retourne, – le nouvel amour !

"Change nos lots, crible les fléaux, à commencer par le temps", te chantent ces enfants. "Élève n'importe où la substance de nos fortunes et de nos vœux", on t'en prie.

Arrivée de toujours, qui t'en iras partout. »

La nouvelle Raison (révolutionnaire) est donc susceptible d'être appelée « le nouvel amour ». Et cette magnifique conclusion : « Arrivée de toujours, qui t'en iras partout. » Il est clair que c'est là une définition de l'amour tout à fait subversive que donne Rimbaud, révolutionnaire lui-même (Verlaine ne comprend rien à ce que Rimbaud dit là) : « arrivée de toujours », c'est le temps, et « tu t'en iras partout », c'est l'espace. L'espace-temps. Nous sommes là ou pas. C'est cela la nouvelle raison, la rose de la Raison. Comprise comme ça, ce n'est évidemment pas la raison raisonnable, mais la raison en tant que nouvel amour. Et « arrivée de toujours, qui t'en iras partout », c'est la définition même de ce que j'appelle la Révolution française. C'est en français que ça a été écrit, par un poète, Rimbaud. Hegel, lui, est le seul penseur qui a compris la Révolution française parce qu'il a saisi qu'il s'agissait avant tout de la mort, qu'un peuple tout entier avait compris la signification formidable de la mort. C'est d'ailleurs l'exergue qu'a choisi, si étrangement, Bataille pour sa préface à *Madame Edwarda* : « La mort est ce qu'il y a de plus terrible, et maintenir l'œuvre de la mort est ce qui demande la plus grande force. » Oui, supporter, éprouver, être en face de la mort, c'est ce qui donne la plus grande force. Cette force pousse à quoi ? À la rose de la Raison. Et à un nouvel amour qu'il faut redéfinir, parce que l'amour c'est bourré de clichés, de névroses, d'utilisations falsifiées etc. Rien de plus falsifiée que la notion d'amour, dont Céline a eu raison de dire que c'était, le plus souvent, « l'infini mis à la portée des caniches. » En général. Il n'y a qu'à ouvrir la presse et nous en avons l'illustration constante, dans *Paris-Match* par exemple, ou dans d'autres magazines du même esprit.

Je pourrais relever des moments d'illumination que j'ai eus dans ma vie, des moments très anciens. D'aussi loin que je me souvienne, mais il faut se méfier des souvenirs car ils sont soumis à ce que Freud appelle des souvenirs-écrans, il est très rare de garder quelque chose des premiers mois de son existence, sauf deux ou trois images peut-être, d'on ne sait pas trop quoi. Les illuminations sont toujours venues de la nature.

La nature est un temple où j'ai eu des illuminations successives, qui ont persisté. Par exemple, je me revois très bien, petit garçon, assis dans le jardin, attendant ma métamorphose. On m'avait dit qu'à l'âge de sept ans on atteignait l'âge de raison. Alors j'ai attendu avec impatience le fait d'avoir sept ans, pour savoir ce qui allait se passer. Ce jour-là, il neigeait, j'ai posé ma montre devant moi, et j'ai attendu ce qui allait m'arriver comme raison. J'ai attendu, attendu, rien. Attendu encore, rien. Tout était pareil. J'étais sidéré. Et soudain, illumination, j'ai compris que ce que j'attendais était déjà là, que le nouveau n'était pas différent de ce qui était là d'habitude, c'est-à-dire l'illumination de la raison en tant que « nouvelle raison » était devant moi, ce qui échappait à tout le monde et surtout aux adultes que je trouvais très limités. Les adultes sont des enfants ratés. Voilà pourquoi d'ailleurs ils ont parfois des passions pédophiles, comme ce qui est arrivé au clergé catholique. Les adultes comprennent peu de choses. Heureusement pour moi, j'étais dans une famille aisée, très détachée sur le plan social et métaphysique, très libre d'esprit, avec une mère humoristique et un père tout à fait charmant, « le bon Père que Dieu me donna » comme dit Montaigne. Les adultes n'ont pas pu réprimer le fait que je devenais un anarchiste vraiment convaincu. Très tôt.

C'était une révélation. Je venais de comprendre ce jour-là que cette illumination allait m'accompagner et que j'allais faire dans la vie tout ce que je voulais faire, tout ce que je désirais faire. Sons, volumes, couleurs. Le grand désir, comme dit Dante. Et avec le « grand désir », où va-t-on ? Au paradis.

Mes autres moments d'illumination ont été mes rencontres, et surtout la lecture intensive. La lecture est une illumination. Les livres sortaient de la bibliothèque et s'adressaient directement à moi. La Bible me parle encore directement, et c'est quand même incroyable. J'ouvre la Bible, elle me parle immédiatement. Les prophètes, surtout, bien entendu. Plusieurs de mes romans commencent par un auteur qui surgit. Par exemple Shakespeare. Pourquoi lui ? Je connais Shakespeare, je l'ai lu puis relu, il est là sur ma table, et ne me quitte pas. J'ouvre, je ferme, je reprends, je ne me lasse pas, la nuit, le jour, tout est dans Shakespeare. Mais pourquoi, à un moment donné, arrive-t-il, comme la Bible ? Shakespeare est là. D'où est-il sorti pour s'adresser directement à moi ? C'est entendu je suis fou, mais la folie, à ce point, est la raison même.

La folie est une chose qui peut être comprise dans ses moindres détails. J'en reviens à Rimbaud. La vraie folie qu'on enferme, dit Rimbaud, je la connais. Et il ajoute cette formule extraordinaire (Hegel aussi a pensé devenir fou) : « Aucun des sophismes de la *folie, – la folie qu'on enferme,* – n'a été oublié par moi : *je* pourrais les redire tous, *je tiens le système.* »

La folie je connais, je tiens le système.

Les textes me parlent. Ils évoquent une expérience où je reconnais la mienne. La bibliothèque est un continent vivant, le contraire de ce vers quoi nous allons, c'est-à-dire un continent mort. Avec des morts-vivants qui sont pour moi déjà morts. Alors que les « pauvres morts ont de grandes douleurs », comme dit Baudelaire, les morts sont vivants, à l'instant même où nous parlons. Ils sont beaucoup plus vivants que les morts-vivants. On va vers une planète qui sera de plus en plus habitée, techniquement, par des morts-vivants. Qu'on va reproduire techniquement, robotiquement, artificiellement, pour engendrer des morts-vivants. Le problème de la mort n'est plus abordé. L'humanité tient beaucoup à sa propre reproduction. Mais pourquoi ? Pour la mort. L'humanité travaille à sa propre mort. Ou à son propre suicide. Son suicide assisté.

Enfin, il y a eu d'autres expériences, celle de Rimbaud, celle de Hegel, celle de Hölderlin, celle de Nietzsche. L'illumination est constante dans la vie de Nietzsche, et on se demande comment il a fait, parce que sa santé était extrêmement fragile, bien qu'il ait été le grand proclamateur de « la santé essentielle ». Il a toujours dit qu'il avait vécu une illumination, à Sils-Maria, au mois d'août, dans la haute Engadine, à six mille pieds au-dessus de la mer, et bien plus haut encore, au-dessus de toutes les choses humaines. C'est là que « l'éternel retour » lui est apparu. Il n'en parlait qu'à quelques intimes, et toujours à voix basse. « Je parcourais ce jour-là la forêt, le long du lac de Silvaplana. Je fis halte près d'un formidable bloc de rocher qui se dressait en pyramide, non loin de Surlei. C'est là que cette pensée m'est venue. » C'est en effet quelque chose de terrifiant, l'éternel retour. Là, il a atteint un point fulgurant, il va déraper ensuite dans la folie, c'est pour cela que c'est si pathétique, si tragique, et si intéressant. La folie lui est arrivée à partir d'une illumination, sorte de déflagration constante. Il faut entendre, dans « l'éternel retour », que vous vivrez de nouveau les moindres détails de votre vie. C'est une question qu'on peut poser à n'importe qui : « Est-ce que vous êtes prêt à choisir de vivre l'éternel retour, c'est-à-dire à recommencer exactement tout ce que vous avez vécu ? » Ça demande un jugement définitif, il ne sera pas question de choisir les moments que vous aurez envie de revivre, non, c'est l'ensemble qui reviendra. Alors, je vous demande : revivriez-vous toute votre vie éternellement, est-ce bien ça qui vous plairait ? Souffrances comprises ? Allez-y, répondez. Si vous dites non, c'est que vous préférez la mort. Voilà pourquoi l'humanité préfère la mort. Elle a peur de l'éternel retour. Pourquoi ? Parce qu'à ce moment-là il n'y aura pas la raison qui a surmonté tous les obstacles dans une joie qui s'éternise. Le verbe que Dante est obligé d'inventer pour évoquer le paradis est une sorte d'éternel présent : « toujouriser ». Alors que l'enfer c'est vraiment l'éternelle pesanteur du passé. Au paradis, il y a la musique, ça bouge tout le temps, les chants, les anges, les mouvements. Des mouvements très bien écrits, c'est une expérience fabuleuse. Dante, lisez-le. « Toujouriser ». S'insemprare.

Je suis constamment ivre. Tout le temps dans l'ivresse, une légère ivresse intérieure. Pas seulement par l'alcool. Baudelaire a écrit ce qu'il fallait là-dessus. « Il faut être toujours ivre. » Tout est là : c'est l'unique question… « Il faut vous enivrer sans trêve ! De vin, de poésie, ou de vertu, à votre guise. »

Si vous n'allez pas jusque-là, vous n'arriverez pas à la connaissance légère de l'ivresse. C'est le contraire du côté abrutissant, qui est désigné d'un très beau terme : être ivre mort. Si vous arrivez à l'état d'ivresse, vous êtes ivre super-vivant.

Ce qui peut aussi être obtenu par des substances particulières que vous pouvez trouver par exemple dans le beau livre de Cécile Guilbert, *Écrits stupéfiants.* Je suis ivre de la nature, de ceci, de cela, je m'enivre et le reste suit. Je me parle, je m'entraîne tout le temps, là je suis en train de m'entraîner. « Les paroles essentielles sont des actions qui se produisent en ces instants décisifs où l'éclair d'une illumination splendide traverse la totalité d'un monde », écrit Heidegger dans l'été 1936. Pour moi tout est entraînement, ça me fait du bien de m'entraîner, je m'améliore, mais, pour ça, on n'est pas obligé de boire trop. Quelqu'un qui a bu trop de mauvais vin, c'est Debord. Debord était très autodestructeur, mais ça c'est le nihilisme lorsqu'il est génial, suicide compris. Je préfère « la rose de la Raison dans la Croix du Présent ». Au passage, je vous signale que le grade de Rose-Croix est un grade élevé dans la maçonnerie. Pour un agent secret, ce serait parfait.

*

Unsere Kenntniß soll Erkenntniß werden
Wer mich kennt, wird mich hier erkennen Hegel

La correspondance avec Dominique n'est plus une affaire secrète. Pendant des années, nous nous sommes écrit, et maintenant nos lettres sont publiées. La question qui va se poser tout de suite : comment se fait-il que pendant l'été, alors que je suis au Martray et que Julia est dans l'autre corps de maison, j'envoie tous les jours une lettre à Dominique et que par ailleurs je lui téléphone ? Je lui envoie des lettres dont je sais qu'elles vont être lues et qu'elle va y répondre sur des points précis, notamment avec son vif sentiment de la nature, qui est chez elle extraordinairement développé. Nous parlons aussi du travail que l'on est en train de faire, des problèmes liés à l'écriture, de nos journées. Voici par exemple, prise au hasard, une des lettres que je lui ai adressées, celle du mercredi 13 juillet 1994, car elle avait le projet d'écrire un essai sur Vermeer :

Mon amour,

La vérité, c'est que je t'envie d'avoir à faire ce Vermeer. Mais je ne l'aurais pas fait, c'est absurde. Toi seule le peux. C'est magique d'avoir trouvé ça, et à travers Ingres !

Les tourterelles sont dans le pin parasol. Elles roucoulent. C'est le beau temps, un peu voilé ce matin, – et tout respire. Les fleurs : grand bouquet-buisson de magnolias, lavandes, églantines, lavatères, roses trémières (très hautes cette année), géraniums, rosiers. Arbres : cupressus, acacias, troènes en boules.

Les acacias surtout me semblent heureux et brillants. La silhouette du pommier mort met sa note de tragique calme. Deux arbres seront morts ici : le catalpa (devant la maison) (après la mort de mon père) ; et le pommier (après la mort de la petite mère, comme on dit).

Allons, vieil Ulysse, continue ta navigation ! Ulysse, pour Homère, est le "héros d'endurance". Il reprend son bateau, il reprend.

Tu es à la fin de ton livre : Alléluia !

Une découverte : les vieux cahiers rouges dans lesquels Père et Mère ont noté, ici, tout ce qui relève de l'inventaire des adresses des fournisseurs, les détails techniques de la maison s'appellent (caractères noirs en capitales sur la couverture) :

STUDIO !

On croit parfois rêver, pas vrai ? Et le plus drôle, c'est que je ne m'en souvenais pas (alors que je les ai vus, ces cahiers, mille fois).

Je t'aime, Shamouth, je t'embrasse,

Ph

Dominique est ma jeunesse. La question rituelle qu'on me pose est : « Mais comment faisiez-vous, vous étiez mariés, votre femme était là, près de vous ? » Ça mérite en effet d'être souligné. Ce n'est pas par hasard que Julia, outre son exceptionnelle carrière universitaire, soit devenue une excellente psychanalyste, dont je suis le meilleur patient.

Pourquoi voudriez-vous que, selon une codification quasiment immobile, un homme n'ait le droit d'avoir qu'un certain nombre de femmes, seulement si elles sont sanctionnées par la loi ? Moi je suis un hors-la-loi. Un réfractaire radical. Un anarchiste absolument organisé, un agent secret, d'ailleurs un de mes livres s'appelle *Le Secret*, ce n'est peut-être pas indifférent. Il me paraît très fou de vivre dans une société où une vie d'homme ou de femme serait restreinte à ce point qu'il ne pourrait s'agir que d'une relation unique, univoque et sanctionnée par la loi. C'est absurde. C'est monstrueux. Une vie d'homme

n'a pas à rendre de comptes à la société sur le plan de la sexualité. Voilà pourquoi j'ai toujours dit que la question de la fidélité sexuelle n'avait aucun sens, et n'était qu'une feuille de vigne refoulante. Si l'on persiste dans cet aveuglement, il n'y a pas de raison que tout devienne d'une platitude extraordinaire, ce qui est en train d'arriver. Je me suis toujours opposé à la platitude. Tout cela est publié, je ne peux pas dire mieux que ce que j'ai écrit depuis des années, et, comme le répète La Fontaine (vous remarquerez que j'ai pris la liberté de répéter « Tenez », même si La Fontaine a écrit : « Tenez-vous lieu de tout, comptez pour rien le reste. ») :

« Amants, heureux amants, voulez-vous voyager ?
Que ce soit aux rives prochaines ;
Soyez-vous l'un à l'autre un monde toujours beau,
Toujours divers, toujours nouveau ;
Tenez-vous lieu de tout, *tenez* pour rien le reste. »

*

Revenons à *Drame*. J'ai ouvert, avec ce livre, quelque chose que j'ai appelé ma tentative d'amener l'écriture à l'écriture en tant qu'écriture, ce qui suppose une corporéité spéciale, que Barthes a comprise. Je n'ai jamais oublié le rêve qui a déclenché l'écriture de *Drame*. « Tard, le soir, il arrive devant la porte de la bibliothèque. Il entre (mais non par la porte, à travers le mur, plutôt par l'un des livres de l'étagère la plus haute dont, maintenant qu'il est parvenu au sol, il ne peut déchiffrer ni le titre ni l'auteur). Or ce qui le frappe d'emblée, c'est de l'autre côté de la fenêtre ouverte, et sans que l'intérieur en soit modifié, une tempête silencieuse dans un jardin jamais vu. Vent, éclairs, pluie, feuillages arrachés, branches tordues, rien ne manque. Bon, se dit-il, cela change d'air. Après quoi, il se retrouve à l'horizontale, un peu au-dessus de la table. Ou encore, il est en même temps étendu, mort, à la place que je viens d'indiquer, et – comme dans une image projetée – légèrement au-dessus de lui-même. Le jeu consiste en ce que le second personnage (vivant et imaginaire) tourmente le cadavre réel. Grimaces, gifles, pincements. Le vivant (qu'il se sent être) n'ignore pas qu'il n'a rien à craindre. Le mort (qu'il sait être de la même façon) ne saurait bouger puisqu'il est mort et, en tout cas, ne saurait atteindre une image fictive. La situation est réconfortante, d'ailleurs le calme est revenu dans le jardin. Or, sans transition, l'impossible arrive, la logique est niée d'un trait : le mort vient de prendre le faux vivant par la main, il se dresse, l'entraîne, la peur envahit comme visiblement l'image qui s'anéantit. »

Un rêve peut traverser les années. Il reste un avertissement, un conseil, une menace, une question. Ces deux corps, le vivant et le mort, sont sans doute à l'origine de toute mon écriture. Voici un texte de Roland Barthes que je voudrais faire entrer ici. Il date de 1965. C'était l'année de la parution de *Drame*. « C'est un langage furtif, un langage de biais, c'est un temps de parole très court puisqu'il doit coïncider avec la véritable spontanéité, celle d'avoir toute attitude et tout choix. *Drame* est la description de ce temps. *Drame* est aussi la remontée vers un âge d'or, celui de la conscience et de la parole.

Ce temps est celui du corps qui s'éveille encore neuf, neutre, intouché par la remémoration. La signification lui apparaît, le rêve ici apparaît, le rêve adamique du corps total marqué à l'aube de notre modernité par le cri de Kierkegaard "Mais donnez-moi un corps !" C'est la division de l'être en corps, âme, cœur, esprit, qui fonde la personne et le langage négatif qui lui est attaché. Le corps total est impersonnel. L'identité est comme un oiseau de proie qui plane très haut au-dessus d'un sommeil où nous vaquons en paix à notre vraie vie, à notre histoire véritable. Quand nous nous éveillons, l'oiseau fonce vers nous, et c'est en somme pendant sa descente avant qu'il nous ait touché qu'il faut le prendre de vitesse et parler. L'éveil sollersien est un temps complexe à la fois très long et très court. C'est un *éveil naissant.* Un éveil dont la naissance dure. Étymologiquement, l'éveil est une surveillance, ici aussi l'éveil est une activité de la conscience que ni la nuit ni le jour n'oblitèrent et qui gère par la parole soulignée les trésors du sommeil, du souvenir non situé de la vision. »

Barthes a écrit ces mots en 1965. Il a tout de suite eu la compréhension que quelque chose de l'ordre mystique était au travail dans *Drame*, non pas mystique dans le sens courant, mais plutôt dans le sens d'une action métaphysique.

Chaque livre est une nouvelle action. *Une curieuse solitude, Drame, Femmes, Paradis, Passion fixe, Mouvement, La Guerre du goût, Portrait du joueur, Éloge de l'infini, Liberté du* XVIII*ème*, *Fugues, Complots.* Je suis le titre de tous mes livres. Tel titre, tel fragment de moi. Autrement dit, un écrivain, au sens où j'emploie ce terme, est un corps spécial qui poursuit sa liberté. Par une façon spécifique de vivre du matin au soir, du soir au matin. Une façon de dormir, de se réveiller, d'avoir des insomnies, de noter ses rêves. L'application dans la vie est constante. On écrit exactement de la façon dont on vit, il n'y a rien à faire. Dans tout livre, on peut découvrir la façon dont vit l'auteur ou plutôt, dans la plupart des cas, la façon dont il ne vit pas. Ou il ne vit pas assez ou pas suffisamment pour être exceptionnel dans l'art de vivre. C'est un projet déterminé.

La poésie c'est la guerre. Toute autre proposition de paix, de compromis est mensongère, et seule la guerre existe, avec le danger d'être parfois dans une extrême solitude, comme le dit Barthes : « Les habitudes qui règlent l'engagement littéraire sont peut-être en train de changer. » En réalité, ça n'a pas changé du tout. « Abandonné des anciennes classes et inconnu des nouvelles, l'écrivain au sens magnifique du terme est de plus en plus seul. La portée de son travail doit être évaluée selon des règles nouvelles. Ce sont les difficultés, les risques mais aussi la nécessité de ce changement dont l'écrivain Sollers porte témoignage. »

C'est toujours la même chose, nous avons créé des communautés imaginaires et nous nous retrouvons devant le problème de toutes les communautés imaginaires. Barthes parle bien sûr aussi de lui dans ce texte. Sinon, pourquoi aurait-il voulu que je le publie ? Pourquoi m'a-t-il donné à lire ses manuscrits en attendant éventuellement mes remarques ? Le langage, c'est votre corps et si vous n'aboutissez pas à amener votre corps en tant que corps au langage, vous n'irez nulle part, vous serez mort avant d'avoir vécu. Barthes a senti ça très fort et je pense qu'il allait vers cette révélation qu'il a eue un jour au Maroc, à Rabat, et qui aurait dû prendre un aspect de création romanesque, ce qu'il a appelé

« Vita nova », une sorte de vie nouvelle qu'il voulait inaugurer. Il avait décidé de tout abandonner pour ne se consacrer qu'à une seule chose, l'écriture d'un roman. Mais il n'a pas eu le temps de l'écrire, personne ne peut donc savoir s'il aurait pu l'écrire ou non, ce roman dont il avait bâti la préparation à travers ses cours au Collège de France, dans les deux dernières années de sa vie : « La préparation du roman ». Le chagrin l'a rejoint. Avant tout, celui de la mort de sa mère. Il a eu vers la fin une attitude très dépressive. Il n'a pas franchi sa mère, il est resté sur un certain côté de la rive. Or, il faut traverser sa mère, si elle s'y prête bien sûr. Là, je n'ai qu'à me louer de la mienne qui, avec beaucoup d'humour, m'a facilité le passage de la mer Rouge, à pieds secs. C'était incestueux, pas du tout fusionnel, une relation en même temps extrêmement critique, c'est cela que j'appelle l'humour. Souvenez-vous, cette dualité dans ses yeux qui n'avaient pas la même couleur, tellement étrange pour un enfant. Je les regarde encore, ces yeux. J'étais en guerre avec ma mère. Depuis l'enfance. Comment s'échapper ? J'avais deux sœurs plus âgées qui, elles, étaient dans une sujétion par rapport à ma mère, comme les femmes le sont si souvent. Les hommes aussi. Dès qu'on voit quelqu'un, il faut se demander qui était sa mère. Le pouvoir est là. Pouvoir nocturne. La

Reine de la Nuit existe, et c'est Mozart qui nous l'a appris. Ma mère était double. Je ne peux pas la voir autrement, j'ai regardé ses yeux de très près, longtemps, ils étaient pour moi un si grand mystère. J'ai écouté longtemps son ironie. Elle n'était pas sévère, c'était beaucoup plus fort. La sévérité n'aurait mené à aucune relation passionnée. C'était de la séduction, toujours ironique. Savoir que tout ça, la vie humaine au fond, ce n'est pas grand-chose. En cela, elle ressemblait à mon père. Elle était quelqu'un, à mon avis, de hautement civilisé.

J'avais l'habitude d'organiser des spectacles à la maison, oh mes petites nièces, approchez, vous allez chanter devant ma mère, vous allez lui chanter : « Les parents savent pas lire. » Et elles le faisaient toujours de très bon cœur, elles sont charmantes, mes nièces. Ou encore, je les faisais chanter : « Le génie calomnié ! » Lorsque je disais à ma mère : « Tu verras, je serai un jour un très grand écrivain », elle me répondait du tac au tac, avec un ton sec d'ironie : « Ça se soigne ! » C'est la guerre je vous dis. Mais ici, la guerre en dentelles.

Ce n'est toutefois pas grâce à elle que je suis devenu écrivain, mais grâce à mon père, dont il est temps de parler. Il s'est toujours tenu dans la plus grande réserve. Il avait été gazé à Verdun, la Grande Guerre a été pour lui un drame épouvantable. Il avait dix-huit ans, il était artilleur et, comme il était célibataire, on le laissait en dernier (il était volontaire bien sûr) dans les retraites, pour saborder les canons et évidemment essayer de porter secours aux blessés. Le récit que mon père et mon oncle (ne pas oublier que ces deux frères se sont mariés ensuite avec deux sœurs) m'ont fait de cette boucherie dans laquelle ils ont été jetés très jeunes était terrifiant. J'ai vu mon oncle me montrer des photographies du Chemin des Dames et de la Tranchée des Baïonnettes, en être bouleversé et commencer à pleurer. On voyait les baïonnettes et on pouvait imaginer, sous elles, les hommes enterrés vivants. Mon père m'a raconté comment il avait été mitraillé par un avion allemand pendant qu'il venait de faire sauter les derniers canons. Il a toujours refusé toute décoration, il avait un caractère anarchiste très prononcé. Un jour, il pleuvait, nous étions dans la véranda, j'avais huit ans, je ne sais pas ce qu'il avait, je lui ai dit « tu as l'air triste », il m'a répondu « oui, mais tu sais, la vie quelle connerie, c'est manger ou être mangé, il n'y a rien d'autre ». Un être étonnant, d'une honnêteté profonde, capitale. Il parlait peu. Je l'ai admiré, de telle façon que j'ai écrit ce qui s'est passé à son enterrement, en août 1970. La famille en est restée ahurie.

Je suis monté sur le petit talus de terre avant que le cercueil soit recouvert, et j'ai lu un sermon de Maître Eckhart. Il n'y a eu aucun commentaire de la famille, tous sont restés pétrifiés. Les prêtres n'accompagnaient plus les morts au cimetière, donc je me suis substitué à eux, en faisant cet acte qu'on ne peut pas qualifier de religieux mais certainement de mystique. Ma mère n'a fait aucun commentaire et m'a emmené me recueillir avec elle sur la tombe de son père, l'escrimeur. J'ai compris que j'avais gagné. Qu'est-ce qu'un écrivain qui gagne ? C'est celui qui arrive à remplacer le père de sa mère. Je suis devenu le père de ma mère. Et là on retrouve Dante : « Vergine madre, figlia del tuo figlio », *Paradis*, chant XXXIII. Devenir le père de sa mère, c'est très difficile. Le père de ma mère était champion d'escrime et catalogué comme tel. Au bal des mousquetaires ou des cadets de Gascogne, j'ai appris à avoir le poignet qu'il fallait. Agent secret, c'est s'exposer à une extrême solitude. Isolé absolu, indéfendable. On risque beaucoup. Être contre le mensonge social, le mensonge humain en général. Contre la résignation, contre la soumission dans laquelle, hélas, tout porte à croire que nous sommes entrés de nouveau. Une ère de résignation, de soumission et de collaboration avec ce qui nous détruit. C'est dramatique. Mais ça a toujours été comme ça, avec des couleurs différentes. Il est de plus en plus difficile d'avoir des partenaires pour jouer au jeu fondamental. Il n'y a plus rien, c'est très ennuyeux. Je me contente de ma compagnie et j'ai une femme adorable. En y réfléchissant, j'ai toujours aimé les étrangères. Ma vie est marquée par des pulsions étranges, ce qui fait que, me sentant étranger moi-même dans le monde où je devrais avoir des semblables, je ne les trouve pas, je ne connais personne qui me soit semblable. Donc je ne crois en rien du tout, sauf en mon parcours personnel, et en effet il va avec des rencontres d'étrangères. Dominique est une étrangère, juive polonaise, passée par la Hollande, du côté de sa mère. Julia est bulgare. Le jour où nous nous sommes mariés, Julia et moi, à la mairie du Ve arrondissement, avec comme témoin sa sœur violoniste – qui a fait des tas de prouesses comme violoniste à Moscou –, le maire était légèrement étonné parce que nous n'avions pas voulu d'alliances. Réfractaires. Pas d'alliances, parce que c'est tocard. Et puis fou rire avec le discours du maire. Puis, à trois ou quatre, nous sommes allés déjeuner à La Bûcherie, à côté de la librairie Shakespeare and Company. Nous allons pour déjeuner tranquillement, et là, il y avait un couple sur lequel nous tombons. C'était donc le jour de notre mariage, le 2 août 1967. Un homme et une femme, attablés.

Lesquels ? Aragon et Elsa Triolet. « Dans la nouvelle science, chaque chose vient à son tour, telle est son excellence », vous avez reconnu Isidore Ducasse, dit comte de Lautréamont. Le parti communiste a cru que cette histoire entre Julia et moi était la réédition de l'histoire Aragon-Triolet. Or, rien à voir. Ils se font leur destin eux-mêmes, ils n'imitent personne. Elsa Triolet n'est jamais devenue, à ce que je sache, linguiste et psychanalyste, et Aragon s'est quand même jeté, avec le temps, dans l'homosexualité. Ce qu'il n'aurait jamais dû cesser d'être, qu'il n'a jamais cessé d'être, d'ailleurs. Je me souviens de la façon dont il me lisait chez lui ses poèmes, j'aurais pu aller prendre un verre et revenir qu'il ne s'en serait même pas aperçu. C'étaient de grandes séances artistiques. Elsa Triolet ne se rendait pas compte que j'étais là, elle venait, ouvrait la porte, revenait, j'étais comme invisible. Elle m'a dédicacé un jour un de ses livres : « À Philippe Sollers, maternellement. » Je l'ai jeté, évidemment, dans la première poubelle venue. Une mère, je sais ce que c'est. Je n'ai pas besoin qu'on me dise qu'on va me traiter maternellement. C'est très bête, surtout. Mais le parti communiste a cru que nous étions dans leur filiation. Il ne faut pas oublier qu'Aragon avait célébré *Une curieuse solitude* dans *Les Lettres françaises* : « Le destin d'écrire est devant lui comme une admirable prairie. » J'apparaissais comme un phénix, je ne me plaignais pas, j'avais vingt-deux ans, pour beaucoup la transmission était faite. Mauriac a été plus intelligent et, politiquement, il m'a toujours plu. Son *Bloc-notes* est un chef-d'œuvre. Alors qu'Aragon, mais il s'est trompé sur le plan politique. Aragon est un admirable écrivain, c'est tout. *La Semaine sainte* a été une grande réussite. Voici ce qu'avait écrit François Mauriac le 12 décembre 1957, dans son *Bloc-notes*, après avoir lu mon premier texte de trente-cinq pages. Il venait de me recevoir à Malagar :

« Voici ma contribution personnelle à la "Nouvelle Vague". Ce garçon de 21 ans, qui est bordelais, et qui s'appelle Philippe, m'apporte son premier livre. Ce Philippe retrouve dans mes livres l'odeur de la banlieue où, en 1936, il est né, des adolescents qui lui ressemblent et qui souffrent et s'irritent au contact de la même faune. Il tient à moi par les racines et, si vieux qu'il vive, il n'oubliera jamais, je le crois, la lumière de ce jour doré, l'année de ses 19 ans, où il vint pour la première fois à Malagar. Il n'empêche que l'épigraphe du *Défi* est d'André Breton, et le livre que Philippe a lu dans le train entre Bordeaux et Paris, c'est *La Modification*, qu'il admire avec désespoir parce qu'il lui semble que Michel Butor lui coupe l'herbe sous les pieds. Je ne suis pas jaloux des auteurs qu'il préfère. Une œuvre digne de ce nom naît toujours à un confluent de lectures, et un jeune être y prend conscience de ce qu'il désire devenir. Philippe offre ce caractère singulier, chez un débutant des lettres, de ne pas y songer comme à une carrière. Francis Ponge est l'un de ses grands hommes. Philippe n'est pas pressé d'écrire dans les journaux, ni de s'agiter à la surface. L'œuvre à écrire s'impose seule à lui. Il ne croit pas aux recettes et s'il a tout lu de ce qui compte parmi ses aînés immédiats, on ne saurait être moins docile à la mode. À l'avant-garde, oui, mais pas à tout prix. Quelques cris atroces éclatent dans *Le Défi*, histoire d'un amour-illusion chez un garçon trop lucide et qui, après avoir soumis la jeune fille "à l'heure de vérité du plaisir", demeure de glace quand elle se tue : "À consulter les regards, je m'aperçus qu'on prenait mon silence pour un abîme de douleur. Cela me paraît bien touchant." Ne crions pas au monstre. Philippe nous rassure d'ailleurs dans une postface : Claire, la jeune fille du *Défi*, n'a aucune réalité charnelle et incarne, paraît-il, l'adolescence de l'auteur. C'est de cette part de lui-même qu'il se débarrasse en l'immolant… Qu'il me pardonne si je ne me sens rassuré qu'à demi. Claire, je la crois plus vivante qu'il ne voudrait. Le plaisir est homicide, nous le savons tous. Et lequel de ses aînés le rappellerait à Philippe sinon celui qui, il y a un demi-siècle, commençait le même voyage que lui, avec la même espérance au cœur ? Il était parti de la même banlieue que Philippe habite. Le train avait grondé sur le pont de la Garonne. Bordeaux apparut un instant dans cette brume orageuse où l'enfant-poète avait cru mourir étouffé... Cette goutte d'eau de la plus ancienne vague et celle-ci de la plus nouvelle, qu'elles sont pareilles et pourtant différentes ! Mettons à part le garçon trop singulier que j'étais et qui ne représentait que lui-même. Mais ceux qui montaient à Paris avec moi, dans ces premières années du siècle, Alexis Léger, Jacques Rivière, Jean de la Ville, tant d'autres, lisaient des maîtres qui s'appelaient Barrès, Maurras, Péguy, Claudel, Romain Rolland... La pensée, l'art étaient engagés. Non que certains d'entre nous ne fussent déjà fascinés vaguement, comme l'est Philippe, par cette recherche de l'absolu dans le langage : Mallarmé, Rimbaud surtout, les y entraînaient. Non que *Les Nourritures terrestres* et *L'Immoraliste* ne fussent déjà des livres clefs pour moi. Mais l'intelligence était mobilisée. Il existait des impératifs que nous ne discutions pas. L'énorme mécanisme était déjà monté qui allait broyer avec méthode, durant quatre années, un million et demi de jeunes Français dociles. À quoi Philippe répondrait sans doute que toute génération reste exposée à être broyée, que le Minotaure est éternel, que sa ration de chair fraîche lui a toujours été servie : l'Histoire est faite de ces repas, et qu'en attendant, il n'y a rien d'autre au monde, quand on est Philippe, que de *s'exprimer*. Il en restera quelques-uns (toujours assez) pour prier, aimer, se donner. Philippe, lui, n'est pas un agneau. Voilà donc un garçon d'aujourd'hui, né en 1936. L'auteur du *Défi* s'appelle Philippe Sollers. J'aurai été le premier à écrire ce nom. Trente-cinq pages pour le porter, c'est peu – c'est assez. Cette écorce de pin dont, enfant, je faisais un frêle bateau, et que je confiais à la Hure qui coulait au bas de notre prairie, je croyais qu'elle atteindrait la mer. Je le crois toujours. »

*

Universal Film, Inc.
PAUL NEWMAN
JULIE ANDREWS
DANS UN FILM DE
ALFRED HITCHCOCK
LE RIDEAU DÉCHIRÉ
"TORN CURTAIN"
AVEC
LILA KEDROVA · HANSJOERG FELMY · TAMARA TOUMANOVA
LUDWIG DONATH · DAVID OPATOSHU · JOHN ADDISON · BRIAN MOORE
ALFRED HITCHCOCK
Un film Universal

Comme nous sommes dans une période extrêmement tendue, qui montre par tous les côtés quelque chose qui ressemble à un désir de totalitarisme, je voudrais parler de quelqu'un qui a compris ce totalitarisme foncier, comme personne. Avez-vous vu dans votre vie *Le Rideau déchiré*, d'Alfred Hitchcock, un film de 1966 ? Il est repassé très récemment sur Arte, au moment de la commémoration de la chute du mur de Berlin et de la fin de la République démocratique allemande qui va aller vers la réunification. Alfred Hitchcock, génie du cinéma, qui a amené le cinéma au cinéma en tant que cinéma, comme d'autres l'ont fait pour la parole et l'écriture, surclasse absolument tout ce qui a pu être filmé. Il nous montre un espion américain, interprété par Paul Newman, qui passe en Allemagne de l'Est pour avoir accès aux recherches d'un savant allemand prisonnier des Russes.

Son but : copier la formule qui va permettre d'accéder à la bombe atomique. Cette bombe atomique, dont l'inventeur a été Julius Robert Oppenheimer, a mis fin à la Seconde Guerre mondiale, c'était une course de vitesse entre les Américains et les nazis, puisque Hitler était à deux doigts de l'avoir, avec ses savants allemands très en pointe dans la recherche. La bombe atomique, c'est-à-dire l'arme absolue. Le type qui a réussi ça avait quarante ans, l'armée américaine venait de subir un désastre à Pearl Harbor, elle était très faible, n'avait pas suffisamment d'avions, n'avait pas de porte-avions, et en quatre ans il a fallu faire un effort gigantesque sur les armes conventionnelles, mais surtout aller très vite dans la possession de la bombe atomique, grâce à la mécanique quantique. Oppenheimer est connu comme le père de la bombe atomique, il est allé plus vite que tout le monde grâce à Truman qui l'a engagé, car il voulait quelqu'un de jeune, un juif allemand qui avait de très fortes raisons d'aller plus vite que les autres, puisque Hitler essayait d'avoir l'arme absolue. Ce qui aurait changé le cours du monde. En 1966, Alfred Hitchcock tourne donc *Torn Curtain*, sur cet espion américain proche du Pentagone qui doit piéger un chercheur d'Allemagne de l'Est, utilisé par les Russes, arrivés, on le sait bien, juste après, avec la bombe atomique. La bombe atomique change l'état du monde. Comme Newton a fait une découverte qui a changé le monde, avec la bombe atomique on ne peut guère aller plus loin dans la destruction. D'ailleurs Oppenheimer, lorsque la première explosion a éclaté, a lu d'une voix très posée – il avait fait du sanscrit, parlait cinq ou six langues, lisait beaucoup, avait toujours dans sa poche *Les Fleurs du mal* –, eh bien, ce jour-là, pendant l'explosion, il s'est mis à réciter la *Bhagavad-Gita.* Cela donne à peu près ceci, en anglais : « Je suis Vishnou, je suis la mort, je vous apporte la mort et la destruction du monde par la mort. » Voilà un type très posé. Sans aucun lyrisme, il a prononcé ces phrases. Dans le film de Hitchcock qui en sait, lui, très long sur la façon dont on peut mettre en scène une urgence particulière, c'est ce que j'appelle amener le cinéma au cinéma en tant que cinéma, le parcours de cette course terrible est montré admirablement. On retrouve cela dans tous ses films, il faudrait faire une compilation de ces moments haletants, aussi bien dans *La Mort aux trousses* et dans *Vertigo* (*Sueurs froides*) que dans *Psychose*, *Les Oiseaux* ou *Les Enchaînés*, des choses stupéfiantes dans lesquelles il se révèle être un directeur d'acteur comme il n'y en a jamais eu. Il parvient toujours à une considérable pénétration psychologique des personnages. Le moment culminant du *Rideau déchiré* se passe dans un cinéma. Le film décrit avant tout ce qu'est une société totalitaire : on peut avoir tous les renseignements et tous les documents que l'on veut, l'angoisse permanente et l'urgence consisteront à se dissimuler à l'intérieur d'un système totalitaire, c'est-à-dire ne passer en aucun cas pour ce que l'on est, puisqu'il faut changer sans cesse d'identité. Ce qui est drôle, c'est que ce savant américain espion s'appelle Armstrong, et il est obligé de se déplacer avec sa secrétaire, jouée par Julie Andrews, en terrain extrêmement difficile. Il y a un moment qui prouve le génie de Hitchcock. L'homme est poursuivi par la police communiste et l'on voit bien là à quel point Hitchcock, ce jésuite britannique, né en 1899 à Londres, naturalisé américain, était très anticommuniste, et comment il s'est pleinement engagé contre le totalitarisme stalinien de l'époque. L'espion est donc poursuivi par la police communiste et, à un moment, il se trouve dans une salle de cinéma. C'est là qu'il va être pris, car les policiers sont partout. Une salle de cinéma, clin d'œil de Hitchcock, on reconnaît bien son humour. Et là, coup de génie, il crie « au feu ! ». C'est l'une des plus belles séquences de Hitchcock, qui filme alors une immense panique, une panique à propos d'un incendie imaginaire, ce qui va permettre à l'espion d'être exfiltré puisque la foule affolée se précipite vers la sortie. Spectacle dans le spectacle, comme toujours chez Hitchcock. Théâtre dans le théâtre, comme dans Shakespeare. Le savant américain finit par avoir un entretien dans un amphithéâtre (comme si c'était l'université) avec ce savant allemand admirablement joué par un acteur allemand, à qui Hitchcock donne un peu la figure de Trotski avec sa petite barbiche. Le type est en possession de l'équation, car tout cela est contenu dans des problèmes mathématiques, et il faut maintenant que l'espion américain, qui est arrivé enfin à être en tête à tête dans un amphithéâtre avec ce savant allemand qui possède la clé mathématique de la bombe absolue, feigne d'être suffisamment mathématicien pour écrire lui aussi une formule et montrer qu'il est au courant des travaux. Mais il l'écrit de telle façon que l'autre ait envie de le corriger. Il faut qu'il soit suffisamment pseudo-mathématicien pour que l'autre, qui le corrige sans arrêt, en arrive à la formule finale. À ce moment-là, les sirènes sonnent, on le cherche, l'autre fait baisser le rideau noir pour cacher l'équation, mais l'espion américain a pu se remémorer l'équation, qu'il a notée fébrilement sur un bout de papier pendant sa fuite à travers toute l'Allemagne de l'Est, toujours poursuivi, etc. C'est le thème de la poursuite de quelqu'un d'innocent dans un monde coupable qui m'intéresse, là c'est un espion donc il n'est pas innocent, mais dans *La Mort aux trousses* par exemple, ce Monsieur Kaplan, nom qui attire l'attention dès les premières images, est poursuivi sans qu'il sache pourquoi. Hitchcock, jésuite anglais devenu américain, a compris mieux que personne ce que l'on peut appeler une société totalitaire, dans laquelle vous vous sentez pris au piège quoi que vous fassiez, soit vous êtes un espion et vous agissez pour le compte d'un État, soit vous vous sentez clandestin dans un monde coupable, ce que suggère visiblement toute l'œuvre de Hitchcock. Dans ses entretiens avec François Truffaut, il le dit même explicitement : tous ses films décrivent « un innocent dans un monde coupable ». Innocent dans un monde coupable, il est bien évident que c'est christique. On peut d'ailleurs lire les confidences d'un jeune jésuite américain qui a rencontré Hitchcock à la fin de sa vie, je l'ai intégré dans *Littérature et politique*, dont l'exergue est cette phrase de Mauriac « je prendrai la politique, je la baptiserai littérature et elle le deviendra aussitôt ». Ce témoignage avait d'abord paru dans le *Wall Street Journal* : « Hitchcock ne s'intéresse plus au cinéma, désormais envahi de "robots". Mieux, il demande à deux jésuites qui sont là de célébrer la messe chez lui. Il y assiste avec sa femme Alma et répond "à l'ancienne, en latin" et, finalement très ému, il pleure. » Hitchcock en train de pleurer lorsque la messe en latin se déroule chez lui avec deux jésuites, ça attire quand même l'attention, et ça renvoie à une photo magnifique où l'on voit un autre catholique très bizarre, Andy Warhol, à genoux devant Hitchcock. Warhol était catholique, ce que l'on n'a appris qu'après sa mort, lorsqu'une messe solennelle a eu lieu à Saint-Patrick à New York, à la stupéfaction de tout le milieu du spectacle. Un des biographes de Hitchcock, au même moment, venait d'écrire que Hitchcock lui avait fait savoir qu'il « n'avait permis à aucun prêtre de lui rendre visite ni de célébrer une messe informelle chez lui ». Et le témoin jésuite de conclure : « Que dans ses derniers jours, le réalisateur ait délibérément, et avec succès, fait croire à des gens de l'extérieur exactement le contraire de ce qui s'est passé, voilà qui est du pur Hitchcock. »

Voilà ce que c'est que d'être tout le temps en état d'urgence et de se sentir clandestin dans le monde où l'on a été jeté. Non seulement clandestin, parce qu'on est innocent dans un monde coupable, mais parce que tout est mensonger, et on ne sait pas du tout pourquoi on devrait payer ce mensonge social, sexuel, financier. Une attitude qui demande une certaine façon de vivre pour continuer à être libre. *Le Rideau déchiré* a été un échec commercial complet. Les moyens ont été considérables, Hitchcock était très célèbre, on lui avait donné beaucoup d'argent, mais ce film est tombé à plat complètement. Il n'était pas question, en France, en 1966, de mettre en question l'existence communiste. On parle toujours d'un désir d'extrême droite, donc crypto-fasciste, qui en effet existe bel et bien, mais on ne parle pas assez du totalitarisme ex-soviétique. Je me souviens que Lacan avait noté quelque part comment il avait tout de suite compris que la psychanalyse qu'il représentait dans sa résurrection de Freud aurait à faire « aux toutes spéciales réserves du Parti communiste français ». J'aurais dû lui demander d'être plus explicite, mais je pense maintenant qu'il voulait ménager Aragon.

J'ai donc envie de placer, en hommage à Hitchcock, cette photo de Lacan, écrivant au tableau noir son équation. Une équation pas du tout mathématique, bien qu'il se soit beaucoup occupé de mathématiques à la fin de sa vie : « D'un discours qui ne serait pas du semblant ». Il veut dire que les discours sont toujours du semblant, mais qu'on peut néanmoins, par le discours lui-même, atteindre la vérité. C'était dans un de ses derniers séminaires. Heureusement que cette photo a été prise. Lacan a été essentiel pour moi, comme Hitchcock, comme Joyce ou les jésuites. Voici la photo.

*

« C'est le soir, l'automne,
Je pense seulement
À mes parents »
BUSON

Voici maintenant la photo d'un innocent que j'aime. C'est mon fils, David. Ici, il a six ou sept ans. On devrait se rendre compte, rien que dans cette image, que, malgré ses problèmes, il aime passionnément la vie, et il est très intelligent. Il est tout à fait tranquille, face à quelque chose, mais on ne sait pas quoi. Ce quelque chose lui appartient. Il est dans sa classe, les autres enfants sont avec lui, tous tranquilles avec leurs livres, intensité de cet instant. L'expérience de la paternité a été pour moi capitale, la naissance de cet enfant a été un bonheur incroyable. J'ai senti pour la première fois que j'étais mort, ce qui m'a beaucoup soulagé. Je l'ai accueilli avec une immense joie. Ensuite sont venus les problèmes divers. Il a beaucoup voyagé, notamment à New York, avec sa mère. Un jour, il était très enfant, nous étions à l'île de Ré, où j'ai l'habitude d'écrire dans un corps de bâtiment indépendant de la maison principale et je n'y tolère aucune intrusion lorsque j'y suis. David m'appelle mais je ne réponds pas, je ne l'entends pas, j'écris. Alors, il dit à Julia : « Papa est comme Dieu, il existe mais il ne répond pas. » David, amour. Je l'ai fait baptiser dans l'église d'Ars-en-Ré, il y avait un orage fabuleux, c'était très beau. Je ne me suis pas senti capable d'interrompre une transmission, et donc au nom du Père, etc. Je l'ai fait baptiser catholique, apostolique, romain et post-romain. La joie que j'ai eue à sa naissance était donc divine.

Voilà un garçon qui est très intelligent, qui me dépasse grâce au maniement numérique de son ordinateur. Il le fait avec beaucoup de tact et de précision. Il a appris un peu de piano, et il est très sensible à la musique. Je lui ai enregistré, pour qu'il les écoute le plus souvent possible, de nombreux poèmes qu'il connaît donc par cœur. Il peut vous réciter du La Fontaine comme ça, tout d'un coup : « J'aime le jeu, l'amour, les livres, la musique, / La ville et la campagne, enfin tout ; / il n'est rien / Qui ne me soit souverain bien, / Jusqu'au sombre plaisir d'un cœur mélancolique. » Il a une mémoire étrange et fabuleuse, il est hypermnésique. Je l'ai familiarisé avec la musique, en lui chantant moi-même des airs classiques, de Bach, de Monteverdi, de Mozart. Il connaît parfaitement la vie de Mozart.

Lorsqu'il était encore enfant, je lui ai fait visiter systématiquement toutes les églises de Paris, et je repense à tous les cierges que nous avons allumés tous les deux à Notre-Dame. Sa maladie s'est déclarée très vite. Mais il est une des joies de ma vie, j'aime l'entendre dire « bonsoir mon cher papa ».

David a son cours de peinture toutes les semaines et je pourrais vous montrer dix, quinze, cinquante petits tableaux qui pourraient faire l'objet d'une exposition. Je crois qu'il est heureux, sauf lorsqu'il a des problèmes de santé. La fréquence de ses crises est indéterminée, ça ressemble à des crises d'épilepsie mais ce n'est pas ça, il est quand même obligé de prendre

ses médicaments, il en prend depuis tout petit, c'est très dur, mais il franchit ces épreuves à sa façon. Il est sujet, de moins en moins, à des crises graves qui nécessitent parfois une hospitalisation. Il ne faut pas lui parler d'hôpital. Je connais par cœur la Salpêtrière, je connais très bien les hôpitaux, qui sont, comme vous le savez, dans un état souvent lamentable. J'écoutais ce matin à la radio un responsable de l'hôpital Beaujon dire qu'on n'avait pas lavé les fenêtres depuis un an. C'est la misère, la pleine misère, il faut en être conscient. La misère est là. Partout. À chaque instant. L'étudiant qui s'est fait brûler parce qu'il allait être privé de bourse et de logement, comment manger ? Et tant d'autres exemples. Nous sommes en pleine misère. Les « gilets jaunes », les agriculteurs, l'hôpital, tout. Et là-dessus, comme si ça ne suffisait pas, un puritanisme qui n'en finit pas, des débats interminables sur « peut-on, doit-on séparer l'homme de l'œuvre ? ». Ça vaut pour Polanski, pour Woody Allen, etc. Si vous entrez dans un cinéma où il y a un film sur l'affaire Dreyfus, réalisé en plus par Polanski, c'est extraordinaire, vous vous ferez immédiatement repérer, c'est comme l'étoile jaune dans les manifestations contre l'islamophobie. N'entrez pas, vous serez complices. Contre Polanski, violeur, violeur, violeur. Et revoilà Céline au premier plan de l'actualité, avec sa veuve qui meurt à l'âge de cent sept ans. J'étais allé la voir à Meudon d'ailleurs, charmante femme, danseuse, très intelligente, à peine vivante, morte-vivante. Sa mort pose à nouveau la question des pamphlets. Est-ce que Céline est un grand écrivain ou pas ? Un avocat juif a dit un jour, pour rire : « Si je lis Céline, est-ce que je deviens antisémite ? » Il y a encore heureusement un peu d'humour parfois. Je note qu'en pleine crise du Covid-19, le professeur Didier Raoult, dans un entretien, a décliné ses écrivains préférés : Nietzsche, Rimbaud, Céline. Il a précisé que sa femme était juive, donc ses enfants aussi, mais qu'il ne voyait pas pourquoi il se priverait de lire un des plus grands génies de l'humanité.

*

Je crois à la science des lieux. Moi pressé de trouver le lieu et la formule. Le lieu doit devenir une formule. J'ai parlé de la civilisation du Sud-Ouest, je n'ai pas besoin d'insister sur Venise, le lieu et la formule y sont rassemblés. L'île de Ré est un lieu qui a été choisi par mon arrière-grand-père maternel, un marin au long cours. Oiseaux, fleurs, mer, musique. Mais il y a aussi les lieux dans Paris. Les trajets, les secrets, les chambres, les jardins, il y en a beaucoup dans mon quartier. Ce bureau, chez Gallimard, j'y travaille avec mon assistant, Victor Depardieu, un homme extrêmement rapide et précis. C'est aussi un lieu où je passe des après-midi tranquillement, en recevant de jeunes auteurs, qui me posent des questions, ce que les plus âgés ne font plus car ils croient tout savoir. Mais ces jeunes gens ne connaissent pas l'Histoire, c'est ça le drame d'aujourd'hui. La fenêtre donne sur un petit jardin. Dans ce bureau de *L'Infini*, on peut voir la collection de *Tel Quel* sur les rayonnages du haut. Il a été conçu pour être absolument mémoriel. Chaque objet, comme la disposition de chaque livre, a sa signification. Ce dé, qui montre le chiffre trois, n'est pas là par hasard, le trois étant pour moi un chiffre magique.

Cet éléphant blanc m'a été apporté cérémonieusement par des écrivains indiens, au moment où ils voulaient que j'aille en Inde, ce que je n'ai pas fait, parce que je n'avais plus le temps de voyager. Cet objet noir est un « yoni lingam », qui sert à des cérémonies religieuses hindoues :

on y verse de l'huile par le haut et elle s'écoule par ici, le symbole sexuel est évident. Les livres sont là, vous pouvez vous y promener. Tous ceux que j'ai écrits bien sûr, parce que j'ai besoin de temps en temps de trouver une référence, et aussi tous ceux qui me sont essentiels. Proust, Joyce, Shakespeare, Dante, Cézanne, Baudelaire, Rimbaud, Picasso, Manet.

Ce visage est celui du fils d'Édouard Manet, Léon Koelin-Leenhoff, un détail du tableau qui s'appelle *Le Déjeuner dans l'atelier.* Manet l'a réalisé à Boulogne-sur-mer en 1868, dans

son appartement familial. Magnifique tableau, où toute l'intensité de Manet éclate. Fond noir très profond, huîtres, café, armes, accessoires de combat, chat noir. Et ce garçon au canotier, censé être son fils, remarquez son intensité, son côté rêveur et mystérieux, la détermination extraordinaire de son visage, je le garde toujours près de moi, il me soutient. Manet ne l'a jamais reconnu, les relations avec sa Hollandaise pianiste, Suzanne Leenhoff, un peu plus âgée que lui, étaient compliquées et passionnantes. Certains disent qu'il pourrait être son demi-frère car Suzanne Leenhoff aurait eu des relations avec Auguste Manet, le père de Manet. Manet est un être absolument passionnant, un très grand homme qui habitait rue Bonaparte, pas très loin, au numéro 5.

*

Derrière la rue Bonaparte, au numéro 5 de la rue de Lille, vous trouverez une plaque qui dit que pendant des années et jusqu'à sa mort, quelqu'un qui s'appelle Jacques Lacan a exercé ici la psychanalyse. J'allais le chercher à la sortie de ses consultations, il descendait, épuisé de sa journée où il écoutait tout ce qu'il pouvait y avoir de névroses, de psychoses, de perversions, de plus en plus accablé, d'où ses séances de plus en plus courtes. Je crois que je le divertissais. Il était très drôle, au fur et à mesure que nous buvions du champagne rosé au restaurant La Calèche, pratiquement en face de chez lui. Ce quartier est au fond très mystérieux, il faut se balader dans les petites rues de ce VIIe arrondissement très bizarre, bien plus bizarre qu'on ne croit, beaucoup de jardins et de cours secrètes. Dominique habitait au 36 rue de Verneuil, nous appelions son appartement « le Veineux », parce que c'était bien de la veine d'avoir un lieu pareil. On pouvait observer les toits de Paris le matin très tôt, c'était très beau, presque sacré. Je suis content d'avoir gardé mon studio pour travailler, boulevard de Port-Royal, dans ce quartier merveilleux de l'Observatoire. Tous les matins, je vais y travailler. Je ne pourrais pas travailler dans l'endroit où je vis. Mais ce n'est pas loin, l'autobus 83 me conduit en peu de temps de la rue d'Assas au boulevard de Port-Royal. Je peux ainsi mener plusieurs vies à la fois dans une seule journée, la moindre des choses pour un agent secret. Plusieurs lieux, plusieurs vies. Identités Rapprochées Multiples, IRM. J'ai deux noms, celui de l'état civil et celui d'écrivain. Comme la lettre volée d'Edgar Poe, cette double identité est là, sous vos yeux. Il sera démontrable un jour que la police du spectacle n'aura rien vu des activités révolutionnaires de l'écrivain que vous avez devant vous, et de ce qu'il aura fait de sa vie, dans une liberté totale. Vous avez toutefois quelqu'un qui s'appelle David Joyaux, qui vous dira très gentiment que son père est sûrement un grand écrivain. Voici une photographie du bonheur tel qu'il peut se pratiquer. Légende : « Les Joyaux en 1988 ». C'est à la fin d'un dîner, chez nous, nous sommes au dessert, Julia, David et moi. C'est ça la révolution. Une soirée révolutionnaire où l'on voit, mise très en évidence,

une bouteille de vin de Bordeaux. Nous trois, Julia Joyaux, Philippe Joyaux, David Joyaux, qui s'appellent aussi Julia Kristeva, Philippe Sollers, David Joyaux.

Et ces bouteilles-là, dans mon bureau de Gallimard ? Rangées si soigneusement à côté des livres ? Vous les voyez ? Ce sont des grands crus de Bordeaux, qui vieillissent tranquillement. Chaque fois que je les regarde, je reçois un encouragement. In vino veritas. Souvent je garde chez moi des bouteilles qui sont censées représenter des événements considérables à mes yeux. Des dîners mémorables. J'en ai eu un grand nombre, dans différentes maisons. Les maisons, tenez, parlons-en.

*

Rentrer chez soi par exemple, ça veut dire quoi ? D'abord, il faut avoir construit et assuré un « chez-soi », c'est déjà toute une histoire. Il faut s'être emparé éventuellement d'un lieu, qui était chez vous, mais qui n'était pas destiné à vous seulement. Donc il vous faudra prendre le pouvoir sur ceux qui sont là, et dont on a envie qu'ils n'occupent pas toute la place, ce sont les murs, la végétation, la matière de l'air, les parfums, tout un fantasme naturaliste. Le chez-soi peut être une passion, comme dans le très grand chef-d'œuvre qu'est *L'Odyssée,* mon livre de chevet, puisque je m'appelle Ulysse Sollers, l'homme aux mille tours. Il a beaucoup voyagé, il connaît des tas de choses, il a écrit un livre qui s'appelle *Femmes,* c'est donc qu'il a beaucoup voyagé, qu'il a connu beaucoup d'indigènes, mâles et femelles, au cours de ses pérégrinations, pas seulement dans ses voyages à l'étranger, mais dans ses voyages intérieurs. Si on a cette passion du chez-soi, ça va évidemment donner lieu à une identité très bizarre, celle du « héros d'endurance », comme l'appelle la déesse Athéna qui le protège, sous la forme d'une hirondelle ou d'un autre oiseau. Nous avons à la fin de *L'Odyssée*, après des tas d'aventures, un Ulysse qui a contre lui un dieu très puissant et très en colère, puisqu'il a osé attenter à la vie d'un de ses fils, un Cyclope. Regardez, il a contre lui Poséidon, ça va lui faire des tas d'histoires de naufrages, car Poséidon, le dieu de la mer, ne se laisse pas faire. Heureusement qu'Athéna veille sur lui. Athéna est très importante dans le panthéon des dieux, elle est Minerve en latin, c'est-à-dire l'intelligence elle-même. Le récit finit par un massacre, dit « des Prétendants », un récit terrible et admirable, personne ne le lit avec joie, moi si. Le sang jaillit de partout. On a pour la première fois dans l'histoire du monde humain un père qui s'entend avec son fils, Télémaque, pour tuer. Rien que ça. J'ai d'ailleurs toujours attendu le livre fondamental sur la paternité d'Ulysse, et le rapport entre Ulysse et Télémaque, je l'attends toujours. Freud ne s'est pas intéressé à ça, comme c'est curieux. Pourquoi ne l'a-t-il pas fait ? Télémaque n'a pas vraiment connu son père, c'est donc un absent qui erre sur les routes du monde, le bruit court même qu'il est mort. Conseillé par Athéna, il va quand même mener une recherche. Les Prétendants vont l'apprendre et essayer de le tuer. La psychanalyse n'a rien dit sur l'histoire d'Ulysse qui, lui, agit seulement pour rentrer chez lui, dans ses droits légitimes, dans ses biens, avec sa femme qui l'a attendu fidèlement. C'est un livre ahurissant. Je suis prêt à tous les dangers, à toutes les navigations possibles, à toutes les manœuvres délétères sociales des dieux, autrement dit des humains qui me veulent du tort. Ils sont parfois puissants, en positon déterminante, ils peuvent agir sur le destin et casser quelque chose comme un projet fondamental. Donc, encore une fois, c'est la guerre. Une odyssée au sens propre. C'est d'une beauté renversante. Je pleure chaque fois qu'Ulysse arrive à Ithaque et qu'Athéna fait lever le jour. Que c'est beau. Son retour est très habile, personne ne le reconnaît, Athéna l'a déguisé en mendiant. Il a l'air vieux, épuisé. Tout le monde va se moquer de lui. Les Prétendants vont rire de ce pauvre type, sûrement incapable de bander un arc. De bander tout court. Or il va bander, et pas qu'un peu. Tout est très subtilement mené. Les problèmes des identités multiples chez Homère, ça me plonge chaque fois dans des abîmes d'admiration. J'en ai les larmes aux yeux, ce qui arrive souvent à l'aède qui pleure en récitant son poème et en s'accompagnant à la cithare. Tout ça c'est de la littérature orale, il fallait avoir une mémoire considérable, comme l'aveugle qu'était Homère. Bref, c'est *L'Iliade* et *L'Odyssée,* trouvables en « Pléiade », en même temps que la Bible qui est aussi très nécessaire.

Mon père est sorti totalement ruiné de son histoire d'usine. Ça n'a plus marché à partir du moment où le plastique est venu remplacer le galvanisé. Brusquement, cette usine qui avait huit cents salariés ouvriers a commencé à battre de l'aile, cela a été tragique. J'avais quatorze ans. L'usine fabriquait de tout, des ustensiles ménagers, des lessiveuses, des poubelles. J'aurais dû hériter de ça. Sauf que mon acte de résistance, qui passait aux yeux de ma mère pour de la folie, est devenu avec le temps la seule action raisonnable. Comme quoi il faut pouvoir défendre sa folie contre la raison sociale. C'est alors qu'on gagne. Mon père était tout à fait dépendant de ma mère, ce qui n'est pas souhaitable pour un homme. Tout ce qui est île de Ré a été sauvé heureusement, car ils étaient mariés avec séparation de biens. Ma mère tenait ces maisons du patriarche, son père Louis. Étonnant personnage, escrimeur et marin. J'ai hérité de ce qui restait. Ce lieu demeure un ancrage. C'est un lieu de vie et il faut se souvenir, en passant, que Julia a pris soin de cette maison avec une

détermination considérable. Elle a eu l'expérience d'une enfance dans un pays totalitaire communiste, et lorsqu'elle est venue en France, tout lui était émerveillement. L'île de Ré ? Mais oui, je prends tout, tu vas voir, je vais l'améliorer. Elle l'a fait d'ailleurs. Avec une énergie constante.

*

Ce tableau de Nicolas Poussin est pour moi sacré. Il est au Louvre, Poussin l'a peint à la toute fin de sa vie et l'a laissé inachevé, c'est sa dernière œuvre. Il suffit de comprendre pourquoi. Ce tableau s'appelle *Apollon amoureux de Daphné*. Le voilà assis à gauche, là, Apollon. Qui est cette Daphné, qui va devenir un personnage très important dans un prochain roman, qui s'appellera *Légende*, où elle devient une amie d'enfance que je vais retrouver beaucoup plus tard alors qu'on a été lycéens ensemble, dans ce lycée qui, pour la première fois, acceptait les filles. Avec un peu d'imagination, on pouvait se débrouiller pour se servir des jardins de Bordeaux, surtout avec une fille qui s'appelait Daphné. Savez-vous en quoi elle a été transformée pour échapper aux assiduités d'Apollon ? En laurier. Vous avez la même représentation à la galerie Borghèse à Rome, avec la sculpture du Bernin, *Apollon et*

Daphné. Tous ont rêvé d'étreindre une femme qui se transforme en laurier. Le laurier est l'arbre d'Apollon. Daphné veut dire laurier. Évidemment tout cela vous parle à mots couverts, et vous n'êtes pas obligés de croire qu'Apollon n'a pas eu de rapports intimes avec Daphné. Personnellement je pense que cette Daphné mérite la plus grande attention. En tout cas, voici une reproduction qui n'est pas assez éclairée, de ce tableau génial. Dans les deux arbres du tableau, vous avez deux nymphes très élégantes, l'une jaune, l'autre bleue. Tout est plein de nymphes, c'est extraordinaire, Apollon est donc un nymphomane professionnel. C'est drôle qu'on ait gardé ce mot pour des désirs exagérés attribués au sexe féminin, et vous avez, dans la foulée, Mallarmé et son *Après-midi d'un faune*, qui fait dire à son faune : « Ces nymphes, je les veux perpétuer. » Vous écoutez en même temps Debussy et vous êtes au cœur de la végétation française.

Les secrets de la sexualité sont uniquement trouvables en français. En France, tout le tissu naturel est construit sur un savoir sexuel énorme. Je ne vais pas vous citer Sade ou Baudelaire, vous avez compris.

*

L'Histoire. Est-on en train de sortir de l'histoire ancienne, de tout un ancien monde qui s'écroule sous nos yeux ? Tout autour, c'est la ruine, la dévastation. Quel système nerveux devrait-on avoir pour ne pas en être atteint ni contaminé, pour ne pas être soi-même détruit et dissous ? Je remarque cela de façon de plus en plus accélérée. Nous sommes en 2020 et ça va à toute allure, un détraquage généralisé est en cours, pas seulement extérieur mais intérieur. Dans une perspective où la planète est en train d'exploser, c'est un phénomène d'une très grande étrangeté. Le temps lui-même ne sort pas de ses gonds, comme le dit Hamlet du royaume du Danemark, mais est bien en train de prendre une tout autre dimension. Plus ça s'accélère et, bizarrement, tout se rétracte. Toute l'Histoire est appelée à témoigner, et les morts sont de plus en plus vivants. Pas seulement les morts célèbres dont on a à se louer mais aussi les grands criminels de l'Histoire. Ce qui est frappant, pour le pays où nous vivons, c'est qu'il est en crise multiple. En crises sociale et sanitaire très profondes et en crise sexuelle très profonde aussi, comme le prouve par exemple la façon dont le spectacle se précipite sur la seule sexualité. Or aujourd'hui nous sommes à l'époque du journalisme absolu, pour citer Heidegger. Pendant que tout cela se passe, je lis tous les jours son livre fulgurant, *Méditation*, qui vient d'être publié. Ce livre a été écrit en 1938-1939, en plein tourbillon nazi, ne faisant aucune réflexion sur l'actualité, comme Heidegger l'a fait dans ses *Carnets noirs*. *Méditation* se propose, en pleine folie nazie, de fonder ce qu'il appelle une logique du silence. Qu'est-ce que cette logique du silence ? Et n'en aurions-nous pas besoin de façon urgente aujourd'hui, dans cette explosion délirante, qui détraque tout et tout le monde constamment ? Logique du silence signifie que nous n'aurions pas été assez silencieux. C'est d'ailleurs une des dernières formulations de Nietzsche, au moment où il va sombrer dans ce qu'on appelle sa folie : « Il faudrait demander pardon à ce monde pour lequel nous n'avons pas été assez silencieux. » Cela m'intéresse au plus haut point, dans la mesure où la musique des mots que je continue à écrire tous les jours, tous les matins, et tout le temps en fait dans ma tête, a un objectif pour moi évident, d'introduire dans ma vie, comme dans mon organisation quotidienne, cette logique du silence. Ça parle trop pour ne rien dire et sans arrêt, avec des clichés, dans la routine du spectacle. Voilà ce qui affole tout le monde, parce que si vous essayez de suivre, c'est incessant, et vous allez devenir fou. Il serait ridicule d'imaginer que c'est pensé ou voulu, qu'il y aurait un complot, non, non, ce qui est encore plus terrible, c'est que ça marche tout seul, ce n'est pas la peine non plus de parler d'intelligence artificielle ou de transhumanisme, ce sera de plus en plus artificiel et de moins en moins intelligent. Voilà à quoi nous assistons. C'est très nouveau. Qu'est-ce que l'essentiel ? L'essentiel, chacun doit y répondre, d'une façon ou d'une autre, la vie est une succession d'épreuves, peut-être même un naufrage permanent. On a vécu beaucoup de destructions abominables, de dévastations, Shoah comprise, bombe atomique comprise. Elle est toujours là, sur nos têtes. On voit bien qu'il y a une difficulté, pour les Français, de rentrer dans ce qu'on appelle la mondialisation. Ce sont eux les inventeurs de la

Révolution qui sont devenus les perdants de la mondialisation. Mais aujourd'hui, c'est entrer dans l'ère planétaire qui devrait être envisagé, ce qui est très différent des temps modernes. Les temps modernes sont achevés, on passe son temps à réfléchir en termes de temps modernes, mais non. Ces temps modernes c'est Chaplin et par la même occasion Hitler, Staline, etc. La planétarisation, c'est tout autre chose, on va aller sur Mars, on ira même plus loin. Et puis surtout la fabrication du corps humain est en cours, la technique sait très bien y faire. *La Littérature et le mal* est un titre très célèbre de Georges Bataille. Et *Les Fleurs du mal* c'est quoi ? La littérature n'est pas là pour dire le bien. Elle alerte. La morale peut remplacer la littérature, il paraît que nous y sommes. Je suis moraliste quand il le faut, la question n'est pas là. C'est l'écriture qui est visée. Il nous faut nous désactualiser d'urgence, arriver à penser en termes beaucoup plus larges et beaucoup plus profonds que l'actualité, sinon la littérature disparaît. Toutes les institutions sont en ruine, à commencer par l'Église catholique, qui n'en finit pas de porter son péché de pédophilie contagieuse. Puis la République, dont on ne peut pas dire qu'elle se porte bien. Tout est mis en question. La chose sur laquelle je reviens constamment, c'est la reproduction technique des corps humains.

C'est la première fois que, dans l'histoire de l'humanité, on peut fabriquer des corps humains en dehors de toute sexualité, d'où le fait que notre boussole s'affole. Que se passe-t-il, d'où venaient les enfants ? La PMA a été votée à l'Assemblée, et conduit à la GPA tout droit. Les corps humains sont fabriqués pour qu'ils meurent. Or la question de la mort est de plus en plus évacuée. Personne ne sait si la planète ne va pas se débarrasser du vivant. Les espèces disparues se comptent déjà par milliers. Donc, pour être réveillé malgré cette séance d'hypnose généralisée, il faut avoir pris ses mesures très tôt. C'est ce que j'ai fait, une défense constante. Pour rester libre. Personne ne sait tout ce que je fais, et ce que je suis en train d'écrire. Ma façon de lire, organisée militairement, échappe absolument à tout contrôle. Logique du silence. Il n'y a rien de plus singulier, et personne n'attend qu'on démonte la logique du silence. J'ai des atouts, ma bibliothèque est très bien faite, les livres essentiels ne sont pas si nombreux, je sais très bien ce qui tient vraiment le coup. En 1790 est paru un livre de Louis Claude de Saint-Martin intitulé *L'Homme de désir*. Il a été l'introducteur de l'illuminisme en France et a été partie prenante dans la Révolution française dont je m'occupe jour et nuit, seule révolution qui ait existé, toujours plagiée, déniée, imitée, falsifiée, niée. Dans mon livre *Désir*, j'imagine que ce personnage continue sa vie, bien qu'il soit mort en 1803, j'imagine qu'il rencontre Rimbaud, « Un coup de ton doigt sur le tambour décharge tous les sons et commence la nouvelle harmonie », et qu'il regarde notre monde d'aujourd'hui. « Pour savoir écrire il faut savoir lire, et pour savoir lire il faut savoir vivre », c'est la phrase de Guy Debord qui figure en exergue de ce recueil recensant tous les livres qu'il a lus, *La Librairie de Guy Debord*, aux éditions L'Échappée. Debord est un lecteur formidable. Je transforme cette formule et préfère dire : « Pour savoir vivre, il faut savoir lire. Pour savoir lire il faut savoir écrire. Et pour savoir écrire, il faut savoir être mort. » Un pas de plus. Ne pas oublier qu'au bout de la vie de Debord, il y a le suicide. Et ce n'est pas du tout ce que j'envisage, bien que ça m'ait tenu très longtemps, c'était tout près, tout le temps, *Portrait du joueur* commence comme ça. Plus j'avais une vie intense, et très aventureuse, plus c'était là. Comme un abîme. C'est Pascal avec son abîme. Vivre intensément, vivre à plein temps comme le dit très bien Debord, « La Révolution, c'est vivre à plein temps. » Qui peut se vanter de vivre à plein temps ? Libre à plein temps. Maintenant, en cas de souffrance physique intolérable, je n'exclus pas le suicide, mais ce n'est plus du tout mon horizon.

Pour savoir être mort, il faut avoir la révélation illuministe que la mort n'est rien. Tout le monde oublie la mort, il y a beaucoup de discours sur le mourir, mais sur la mort non, rien. Les orateurs de la Convention montent à la tribune, et selon qu'ils ont réussi à parler ou pas, ils redescendent et, souvent le lendemain, sont guillotinés. C'est grandiose. Deux phénomènes importants, en gros, en très gros : le christianisme et la Révolution française. Laissons entrer la voix de ce poète chinois qui disait : « Étant mortel, je ne demande ici-bas qu'a épuiser toutes les joies. »

Au fond je m'entraîne. Parler, écrire. Toute prise de parole est pour moi un acte, comme au tennis, je m'entraîne et ça me fait le plus grand bien. « Penser, dit Mallarmé, est écrire sans accessoires. » Dans une de ses lettres à Eugène Lefébure, datée du lundi 27 mai 1867, il dit qu'il est heureusement parfaitement mort, en voici un extrait : « Je n'ai créé mon Œuvre que par *élimination*, et toute vérité acquise ne naissait que de la perte d'une impression qui, ayant étincelé, s'était consumée et me permettait, grâce à ses ténèbres dégagées, d'avancer plus profondément dans la sensation des ténèbres absolues. La destruction fut ma Béatrice. Et si je parle ainsi de *moi*, c'est qu'hier j'ai fini la première ébauche de l'Œuvre, parfaitement délimitée, et impérissable si je ne péris pas. »

Cela veut dire qu'on se voit déjà mort dans la bibliothèque classique. Classé classique, et, en plus, d'avant-garde comme on l'a rarement été.

*

À l'automne 1912, Picasso commence la série de ses fameux et admirables *Papiers collés.* Il a découvert là quelque chose de décisif et de définitif. Bouteille de marc, pipe, journal, papier peint, pot à tabac, objets du quotidien, qu'il transforme en fiction par le montage. C'est la période du cubisme synthétique. Voyons comment on pourrait faire la redécouverte de cette découverte. Écrire des livres cubistes par exemple. Je ne fais pas des papiers collés, mais je découpe des fragments dans l'information actuelle, ou plutôt dans la désinformation générale, et les redistribue dans mon texte : ce sont mes télés collées. Je prends mon poste de télévision, et je vois circuler en quelques secondes des nouvelles de toute la planète. Bien évidemment, le choix est énorme, entre la crise sociale, les manifestations qui pullulent de revendications, la crise climatique, la crise économique, la crise sanitaire, les onze millions de personnes évacuées à cause d'un virus inconnu apparu en Chine, toute la ville de Wuhan confinée, le pangolin en gros plan, la chauve-souris sur les marchés, la fuite du virus, les laboratoires en alerte, le monde entier bientôt touché, frontières fermées, villes fermées, pénurie de masques, hôpitaux en panique, les morts se multiplient de façon vertigineuse, tourbillon des vaccins, le film est en séance permanente, ne s'arrête jamais. Ces images se présentent à moi comme immédiates, elles vont à toute allure, je pourrais m'endormir, me réveiller et continuer à faire des télés collées, mais je vois aussitôt la contradiction qui est à l'œuvre au même moment : une publicité où vont apparaître des produits de beauté, des bébés délicieux et, l'image suivante, des incendies majeurs en Australie ou en Californie. Tout cela très immédiat, en quelques secondes. Dans quoi sommes-nous plongés ainsi ? Dans ce qu'il faut appeler, et cela se manifeste d'une façon très violente, notamment en France, l'esprit de vengeance. Qu'est-ce que l'esprit de vengeance ? En même temps que tout est en alerte maximale, la haine progresse au niveau maximal aussi. Haine, vengeance, ressentiment. L'esprit de vengeance est, selon Heidegger, « le ressentiment de la volonté contre le temps et son "il était" ». Il va conclure très vite que ce qui nous est proposé par l'esprit de vengeance, c'est de ne pas supporter la passagèreté du temps. Donc je suis atteint, si je me laisse envahir par cette contradiction massive très nouvelle et planétaire, par l'esprit de vengeance, mais je vais au contraire célébrer la passagèreté du temps au nom d'un « il était une fois ».

Comment trouver l'antidote à cette violence ? Toujours la même chose : l'amour et la poésie. C'est là l'urgence maximale, non pas pour survivre, ce qui serait une forme de panique, car tous mes efforts consisteraient à survivre ou à proposer de me résigner à la survie qu'on me propose et au temps qu'on me propose, alors que je n'ai pas le temps de m'occuper de ce temps, il y a urgence, urgence maximale… La poésie va ressurgir d'une façon tout à fait essentielle, et je vais me réciter intérieurement des poèmes, à voix basse, mais en m'entendant me les réciter, je vais prendre ce corps poétique, qui est un corps vivant, comme une prière, et je vais m'en nourrir, il va me redonner vie. Pour être pleinement vivant :

l'amour, mais surtout la poésie. On y est vivant à plein temps. Savoir être mort, vous vous souvenez ? J'y reviens. C'est par exemple dans ce poème de Mallarmé très célèbre, influencé par Hegel, penseur de la mort et de la Révolution française :

« Tel qu'en lui-même enfin l'éternité le change, / le poète suscite avec un glaive nu / Son siècle épouvanté de n'avoir pas connu / Que la mort triomphait dans cette voix étrange. »

Que la mort ait triomphé dans cette voix étrange, c'est ce que pensait rigoureusement Mallarmé. Maintenant, je m'approche un peu et, franchement, « le glaive nu », je ne sais pas très bien ce que c'est. L'éternité ? Visiblement elle n'a plus cours, Dieu est mort, l'éternité qui nous était suggérée n'a plus lieu. Quant à susciter l'épouvante du siècle, ça c'est impossible. Personne ne peut être épouvanté par le poète qui a fini par triompher avec sa voix étrange. Qu'il ait triomphé quand même, et que la mort parlait à travers sa voix, je le pense profondément. Encore une fois : l'éternité n'est pas là, le siècle ne va pas être épouvanté, il a trop de peine à survivre, à tenir debout du matin au soir, du soir au matin. Alors que reste-t-il ? Je crois à ce qui va nous amener à célébrer de façon urgente la frivolité, non pas la frivolité d'autrefois, mais une frivolité nouvelle. Une frivolité révolutionnaire. À ce moment-là, si vous permettez, je vais me réciter du La Fontaine tout simplement. Je répète : « J'aime le jeu, l'amour, les livres, la musique, / La ville et la campagne, enfin tout ; il n'est rien / Qui ne me soit souverain bien, / Jusqu'au sombre plaisir d'un cœur mélancolique. » Je me récite ça et je suis très heureux d'assister à la négation de la négation. « Il N'est rien qui NE me soit souverain bien. » Quelle merveille, la langue joue à plein et je me sens à mon tour pleinement vivant avec La Fontaine. Je vais même continuer avec lui, sa compagnie m'inspire : « Amants, heureux amants, voulez-vous voyager ? / Que ce soit aux rives prochaines ; / Soyez-vous l'un à l'autre un monde toujours beau, / Toujours divers, toujours nouveau ; / Tenez-vous lieu de tout, tenez pour rien le reste. » Écoutez ce « t » qui se répète pour les amants : tenez-vous lieu de tout, tenez pour rien le reste (La Fontaine dit « comptez »). Je peux le réciter en boucle, c'est si beau. Voilà l'amour et voilà la poésie. Je peux aller aussi n'importe où, tout est à ma disposition, mais seulement si je le veux vraiment. Autrement dit, je vais prendre des petites chansons enfantines, dans le jardin de mon père les lilas sont fleuris, tous les oiseaux du monde viennent y faire leur nid, dans le jardin de mon père les lilas sont fleuris, chantons ensemble, la caille, la tourterelle et la jolie perdrix, auprès de ma blonde qu'il fait bon fait bon fait bon, auprès de ma blonde qu'il fait bon dormir. Puis arrive la blanche colombe qui chante jour et nuit. Qu'est-ce que c'est, une colombe qui chante jour et nuit ? Qui est une blonde avec laquelle on peut dormir ? Là, je ne vois rien d'autre que cette suggestion : l'amour pourrait conduire dans les jardins de mon père, ce n'est pas n'importe quoi, surtout en ce moment où il n'y a plus de père nulle part. Comme l'éternité a disparu, comme le siècle n'est pas épouvanté par autre chose que par la destruction probable de la vie humaine sur cette planète, je peux recourir à une frivolité absolument irréductible, et qui n'aura absolument pas de fin, même si elle est détruite.

C'est une prière, dont je reprends la tonalité des prières fameuses du catholicisme, qui m'ont constitué dans l'enfance. C'est le *Notre Père* (tiens le revoilà celui-là), qui es aux cieux, que ton nom soit sanctifié. Que c'est beau. Que ton nom soit sanctifié, qu'est-ce que ça veut dire au juste ? Personne n'y pense, on récite mécaniquement, sans penser que chaque mot est choisi. Que ton règne vienne, qu'est-ce que ça veut dire encore ? il n'arrive jamais, c'est *En attendant Godot*. Que ta volonté soit faite sur la terre comme au ciel, oh ! mais il n'est plus là ce père qui est aux cieux. Il était aux cieux, je ne sais plus où il est maintenant. Dites avec foi, la poésie et la prière sont identiques, exactement la même tonalité. Je continue. Donne-nous aujourd'hui notre pain de ce jour. Qu'est-ce que c'est le pain de ce jour ? Et pourquoi du pain ? Et le vin ? Délivre-nous du mal, etc. Je vais me mettre maintenant plutôt dans la position de l'archange Gabriel, qui annonce sa grossesse divine à la Vierge Marie. Qu'est-ce que c'est ? La procréation spirituelle assistée ? Mais nous y sommes en plein, on est en train de techniquement refaire cette histoire. Alors je vais dire Je vous salue Marie, pleine de grâce. Voilà une chose étonnante, c'est une jeune fille pleine de grâce, elle est gracieuse la Vierge Marie, il faut la penser comme ça, elle a d'ailleurs été peinte et repeinte toujours de façon aussi gracieuse. Le Seigneur est avec vous. Qu'est-ce que ça veut dire le Seigneur ? Quel Seigneur ? Le Seigneur a disparu, voyons, il n'y a plus de Seigneur. Vous êtes bénie entre toutes les femmes. Ah, alors ça voudrait dire qu'entre toutes il n'y en aurait qu'une d'essentielle ? C'est déjà très difficile à avaler, parce que le mouvement « nous toutes » s'y oppose résolument. Une vraiment sortie du lot ? Et Jésus le fruit de vos entrailles ? Qu'est-ce que c'est que cette histoire ? Les entrailles ? Ça pourrait éveiller la curiosité d'un garçon de dix ou douze ans. C'est où les entrailles ? Bon, je vais changer de discours, je viens de m'adresser à cette Vierge comme si j'étais l'archange Gabriel, pourquoi pas, je suis l'archange Gabriel. Il a été peint aussi beaucoup par des peintres qui se sont pris au jeu de s'identifier à la scène elle-même. Je ne peux jamais voir de peintres italiens sans me dire que je suis personnellement concerné, comme eux-mêmes l'ont été par cette histoire, en ajoutant à la mienne la foi qui était la leur dans leur peinture. Changeons de registre, je ne suis plus l'archange Gabriel, je suis un pénitent. Je dis Sainte Marie mère de Dieu. Mais qu'est-ce que ça veut dire mère de Dieu ? Ces mots m'ouvrent un continent extraordinaire. Ce n'est pas par hasard que je vais tomber sur Dante un jour ou l'autre. Qu'est-ce qu'une mère qui est devenue la fille de son fils ? Attention, je recommande à tout garçon d'essayer d'imaginer comment il devient le père de sa mère. Je suis le fils d'une mère, mais tout à coup tiens, au fond, elle n'attendait peut-être que de devenir ma fille ? C'est une proposition d'inceste magnifique. Sublime. Je deviens son père alors que je suis son fils. Alors Sainte Marie mère de Dieu, priez pour nous. J'ai dans un coin une petite statue de plâtre d'autrefois, de la Vierge, avec une inscription, PPN : « priez pour nous ». Je préfère dire, « prie pour moi, pauvre pécheur, maintenant et à l'heure de ma mort ». Maintenant, ça peut être l'heure de ma mort, je le sais, et ce court-circuit est électrisant. Non seulement ce serait maintenant qu'il faut qu'elle prie, qu'elle prie son fils devenu son père. Et la mort revient, en effet, d'une façon quasiment bénie. Tout cela est de la poésie pure. Ou de la folie pure. Comme vous voudrez.

Voilà un exemple de mes zigzags. Penser est une activité qui brasse tous les temps, tous les états, la vie et la mort, tout en même temps. Il faut se débrouiller. L'espace est en danger, le temps est sorti de ses gonds, il est complètement déréglé, le temps qu'il fait aussi. Et quant à la naissance, on la fabrique, et quant à la mort, personne n'a envie d'y penser. Ce qui mettait Pascal dans un état bizarre, il disait : « Ils sont somnambules. » C'est étonnant. Il doit y avoir une sorte d'hypnose en cours, ils dorment debout.

J'ai très tôt compris que la société était toxique. En tant que telle. Pas telle ou telle société, la société en tant que telle. Je répète pour me faire comprendre. Je n'ai jamais cru qu'il pourrait y avoir une meilleure société, j'ai fait semblant d'y croire, par jeu. On m'en veut beaucoup, je peux encore dire vive le président Mao par exemple, pour jouer, mais je ne regrette rien, aucune autocritique. C'est le jeu. Qui veut jouer ?

Ce que je cherche et que je vous invite à chercher avec moi, c'est le « carrousel » de tout ce qui peut être dit, pensé, chuchoté, crié, affirmé, nié, suggéré par un Terrien de passage. Je vous invite donc, pour finir, à venir boire un verre Au rendez-vous de l'essentiel. Un conseil : soyez masqués, avancez masqués. Contre le virus social. Si la planète n'a pas disparu d'ici cinquante ans, comme tout indique qu'elle pourrait devenir invivable pour l'humanité, nous vivons une époque tout à fait capitale, peut-être terminale, la seule chose à faire est de se retrouver d'urgence au rendez-vous de l'essentiel. Il ne faut pas se demander ce qu'il va se passer pour l'ensemble des humains ou pour une société quelconque. Non. Il faut se demander ce qui peut être essentiel pour des singularités qui peuvent surgir, et c'est de là que sera dite la vérité qui convient. Ces singularités ne peuvent plus porter telle ou telle identité d'ensemble. Pas plus les femmes que les hommes. Mais une singularité devra surgir, parce qu'elle est forcément révolutionnaire et la révolution ne s'arrête jamais, elle est permanente, elle est en cours. Par conséquent, dans cette période de transition très violente, il faut sauver l'essentiel. Être là, en effet, voilà la question. La seule. Entrez, parlez, écoutez, soyez présent à vous-même, ne lâchez rien. Soyez *là*.

*

Qui vient d'arriver au rendez-vous ? Qui est à l'heure ? Regardez, écoutez. Les voilà tous, extrêmement ponctuels, chacun portant dans ses yeux quelques mots essentiels, avec un peu de papier et un peu d'encre pour tout bagage, encre bleu profond, comme l'Océan. Quelques mots essentiels, pour continuer.

D'abord, la voix de Nietzsche : « Un jour, ce qu'il y a au monde de plus silencieux et de plus léger est venu à moi. »

Puis celle de Rimbaud : « Je est un autre. Si le cuivre s'éveille clairon, il n'y a rien de sa faute. Cela m'est évident : j'assiste à l'éclosion de ma pensée : je la regarde, je l'écoute : je lance un coup d'archet : la symphonie fait son remuement dans les profondeurs, ou vient d'un bond sur la scène. » Musique ! Purcell cette fois, chanté par Deller. Un révolutionnaire est quelqu'un qui vote pour la liberté du monde pour tout le monde. Le texte « Génie », qui se trouve dans *Illuminations*, est bien au rendez-vous, impossible de s'en séparer. Il est toujours ponctuel. Il arrive au bon moment. « Un coup de ton doigt sur le tambour décharge tous les sons et commence la nouvelle harmonie. » C'est presque imperceptible, ce coup de doigt, si léger, si furtif, et pourtant ce mouvement est capable de décharger tous les sons et de faire naître une nouvelle harmonie. Jamais de chocs frontaux. Nouvelle harmonie, nouvel amour. Action. Tout en glissement. Le film est déjà en cours de tournage. Et surtout, ne l'oubliez pas, gardez un arrière-pays sécurisé au maximum où vous pourrez vous réfugier en cas d'attaque. Pour moi, l'arrière-pays sera toujours l'île, l'enfance, la nature, l'amour.

Regardez qui entre à présent au rendez-vous de l'essentiel. Marcel Proust, habillé de noir, on dirait qu'il est à l'approche de sa mort et qu'il vient nous donner les clés de sa grande recherche. Écoutons-le. Sa voix est unique. « Je fixais… un nuage, un triangle, un clocher, une fleur, un caillou, en sentant qu'il y avait peut-être sous ces signes quelque chose de tout autre que je devais tâcher de découvrir, une pensée qu'ils traduisaient à la façon de ces caractères hiéroglyphes qu'on croirait représenter seulement des objets matériels.

Sans doute ce déchiffrage était difficile, mais seul il donnait quelque vérité à lire. » Il baisse la voix, s'arrête et reprend. « Chaque lecteur est, quand il lit, le propre lecteur de soi-même. L'ouvrage de l'écrivain n'est qu'une espèce d'instrument optique qu'il offre au lecteur afin de lui permettre de discerner ce que, sans ce livre, il n'eût peut-être pas vu en soi-même. La reconnaissance en soi-même, par le lecteur, de ce que dit le livre est la preuve de la vérité de celui-ci, et vice versa, au moins dans une certaine mesure, la différence entre les deux textes pouvant être souvent imputée non à l'auteur mais au lecteur. » Merci. C'est dit, une fois pour toutes.

Quelqu'un tout à coup chuchote que ça y est, il est arrivé, faites-lui place. Une place pour Hölderlin, qui porte encore sur lui l'air de Bordeaux :

> « La mer enlève et rend la mémoire,
> L'amour, de ses yeux jamais las, fixe et contemple,
> Mais les poètes seuls fondent ce qui demeure. »

On tourne la tête, le rire de Dominique apparaît, bagues, collier de perles, pendants d'oreilles, chignon cendré, elle tient une lettre à la main et la lit. Elle m'est adressée, à la date du 8 juillet 2005 :

« Pas de doute, nous y sommes, toi et moi, je te vois dormir, écrire, manger du poisson, toucher tes arbres et vérifier les progrès de leur croissance. Osmose entre toi et le pin parasol, toi et l'acacia. Te voilà rassuré : la terre a bien travaillé depuis les racines et les branches toute neuves, il y a eu de la respiration, du soleil, un peu de vent mouillé et d'excellentes odeurs. Et puis du silence, de la contemplation, du sel de mer, et peut-être aussi (et même sûrement) ta présence pensée, ta concentration magique à travers les mots. Ton amour pour les arbres et la façon dont tu m'en parles me branche sur mes plus vieux souvenirs de la forêt de Soignes et ils me font trembler de plaisir.

Ici le froid est tel que je viens d'allumer la chaudière, j'ai besoin d'une atmosphère un peu matelassée pour être plus près de toi – splendide homme du XXIe siècle ! »

On reconnaît aussi l'allure et la cadence de Rimbaud, dans ce poème que vous pouvez dès à présent apprendre par cœur pour pouvoir le réciter partout, en voyage, en marchant dans la rue, le soir, la nuit, ou le matin, sur le chemin de la vie qui recommence :

« Elle est retrouvée !
Quoi ? l'éternité.

C'est la mer mêlée
Au soleil.

Mon âme éternelle,
Observe ton vœu
Malgré la nuit seule
Et le jour en feu.

Donc tu te dégages
Des humains suffrages,
Des communs élans !
Tu voles selon… »

Tutoyer son âme ? Se dégager des humains suffrages ? Des communs élans ? Et enfin : voler selon… Selon quoi ? Selon…

Mais ça, c'est la vie des oiseaux, n'est-ce pas ? Celle de l'esprit même. Tu voles *selon*…

Oiseau hors la loi, oiseau musique, oiseau beauté, oiseau libre, tout à fait libre.
Il est temps, il est grand temps.
Être un oiseau !

TABLE DES ILLUSTRATIONS

Sauf indication contraire, l'ensemble des photographies reproduites dans cet ouvrage proviennent des archives personnelles de l'auteur.

p. 92-93. Philippe Sollers à 24 ans, 1960.

p. 95. Plaque à La Calcina, Venise. Photo © Sophie Zhang.

p. 97. Édouard Manet, *Roses dans un verre à champagne,* 1882, huile sur toile, collection particulière, Glasgow. Photo © akg-images.

p. 107. Wilhem Hensel, *Portrait de Hegel,* 1829, pointe graphite sur papier, Österreichische Nationalbibliothek, Bildarchiv und Grafiksammlung. Photo © wikimedia-commons.
En bas à droite pour ce portrait de lui, deux ans avant sa mort, Hegel a écrit lui-même : « Notre connaissance doit devenir reconnaissance. Qui me connaît, ici me reconnaîtra. »

p. 108. Dominique Rolin à Paris.

p. 112. Venise, Grand canal. Photo Colette Fellous.

p. 114-115. Philippe Sollers et Dominique Rolin, rue de Verneuil, à Paris. Tournage du film *Interlocution,* de Laurène L'Allinec, 2006. Photogramme reproduit avec son aimable autorisation.

p. 120. Philippe Sollers. Jeunesse à Bordeaux, 1960.

p. 132. Alfred Hitchcock, *Le rideau déchiré,* 1966, Universal Pictures. Photo © Collection ChristopheL.

p. 141. Jacques Lacan, *Un discours qui ne serait pas du semblant,* 13 janvier 1971 Photo © Droits réservés.

p. 142. David, dans sa classe à l'école.

p. 145. Avec David, à Paris, en Bateaux-Mouches.

p. 148. Avec David bébé, à New York.

p. 150 et 151. Bureau de *L'Infini,* aux Éditions Gallimard. Photos © Mantovani / Gallimard.

p. 152. Édouard Manet, *Le Déjeuner dans l'atelier* (détail), 1868, huile sur toile, Neue Pinakothek, Munich. Photo © Artothek / LA COLLECTION.

p. 154. Sollers et Lacan, après le séminaire de Lacan sur James Joyce, 1975. Photo © Droits réservés.

p. 157. Éloge de l'amour supra-normal. De gauche à droite : Julia Kristeva, Philippe Sollers, David Joyaux.

p. 163. Philippe Sollers à 12 ans, Bordeaux, 1948.

p. 164. Julia Kristeva au Jardin de Luxembourg.

p. 166. Nicolas Poussin, *Apollon amoureux de Daphné*, 1664, huile sur toile, musée du Louvre. Photo © RMN-GP (musée du Louvre / Mathieu Rabeau.

p. 169. Philippe Sollers avec sa sœur Annie et sa mère dans le parc de la propriété familiale, Bordeaux, 1937.

p. 177. Pablo Picasso, *Violon et feuille de musique,* automne 1912, papiers vergés de couleur, papier vélin blanc imprimé d'une partition et papier d'emballage vélin brun découpés et collés sur carton, musée national Picasso, Paris. © Succession Picasso, 2022. Photo © RMN-GP (musée national Picasso-Paris) / Adrien Didierjean.

p. 188. Étienne Carjat, *Arthur Rimbaud,* vers 1872, Bibliothèque nationale de France, Paris. Photo © BnF, Paris.

DU MÊME AUTEUR

Aux Éditions Gallimard

FEMMES, *roman*, 1983 (Folio n° 1620).

PORTRAIT DU JOUEUR, *roman*, 1985 (Folio n° 1786).

THÉORIE DES EXCEPTIONS, 1986 (Folio essais n° 28).

PARADIS II, *roman*, 1986 (Folio n° 2759).

LES FOLIES FRANÇAISES, *roman*, 1988 (Folio n° 2201).

LE LYS D'OR, *roman*, 1989 (Folio n° 2279).

LA FÊTE À VENISE, *roman*, 1991 (Folio n° 2463).

IMPROVISATIONS, *essai*, 1991 (Folio essais n° 165).

LE RIRE DE ROME. Entretiens avec Frans De Haes, 1992 (L'Infini).

LE SECRET, *roman*, 1992 (Folio n° 2687).

LA GUERRE DU GOÛT, *essai*, 1994 (Folio n° 2880).

SADE CONTRE L'ÊTRE SUPRÊME *précédé de* SADE DANS LE TEMPS (Quai Voltaire, 1989), 1996 (Folio n° 5841).

STUDIO, *roman*, 1997 (Folio n° 3168).

PASSION FIXE, *roman*, 2000 (Folio n° 3566).

ÉLOGE DE L'INFINI, *essai*, 2001 (Folio n° 3806).

LIBERTÉ DU XVIIIe, *textes extraits de* La Guerre du Goût, 2002 (Folio 2 € n° 3756).

L'ÉTOILE DES AMANTS, *roman*, 2002 (Folio n° 4120).

POKER. Entretiens avec la revue *Ligne de risque*, 2005 (L'Infini).

UNE VIE DIVINE, *roman*, 2006 (Folio n° 4533).

LES VOYAGEURS DU TEMPS, *roman*, 2009 (Folio n° 5182).

DISCOURS PARFAIT, *essai*, 2010 (Folio n° 5344).

TRÉSOR D'AMOUR, *roman*, 2011 (Folio n° 5485).

L'ÉCLAIRCIE, *roman*, 2012 (Folio n° 5605).

FUGUES, *essai*, 2012 (Folio n° 5697).

MÉDIUM, *roman*, 2014 (Folio n° 5993).

L'ÉCOLE DU MYSTÈRE, *roman*, 2015 (Folio n° 6282).

MOUVEMENT, *roman*, 2016 (Folio n° 6457).

COMPLOTS, *essai*, 2016.

BEAUTÉ, *roman*, 2017 (Folio n° 6545).

LETTRES À DOMINIQUE ROLIN 1958-1980, édition établie, présentée et annotée par Frans De Haes, 2017.

CENTRE, *roman*, 2018 (Folio n° 6615).

LE NOUVEAU, *roman*, 2019 (Folio n° 6777).

LETTRES À DOMINIQUE ROLIN 1981-2008, édition établie, présentée et annotée par Frans De Haes, 2019.

DÉSIR, *roman*, 2020 (Folio n° 6916).

LÉGENDE, *roman*, 2021 (Folio n° 7053).

GRAAL, *roman*, 2022.

Dans les collections L'Art et l'Écrivain, Livres d'art et Monographies

RODIN. Dessins érotiques, 1987, réédition 2017.

LES SURPRISES DE FRAGONARD, 1987, réédition 2015.

LE PARADIS DE CÉZANNE, 1995.

LES PASSIONS DE FRANCIS BACON, 1996.

Dans la collection À voix haute (CD audio)

LA PAROLE DE RIMBAUD, 1999.

Au Mercure de France

Dans la collection Traits et portraits

AGENT SECRET, 2021 (Folio n° 7060).

Aux Éditions Flammarion

PORTRAITS DE FEMMES, 2013 (Folio n° 5842).

LITTÉRATURE ET POLITIQUE, *essai*, 2014.

DICTIONNAIRE AMOUREUX DE VENISE, version illustrée en coédition avec les Éditions Plon, 2014.

Aux Éditions Fayard

Avec Julia Kristeva, DU MARIAGE CONSIDÉRÉ COMME UN DES BEAUX-ARTS, 2015.

Aux Éditions du Seuil

UNE CURIEUSE SOLITUDE, *roman*, 1958 (Points n° 185).

LE PARC, *roman*, 1961 (Points n° 28).

L'INTERMÉDIAIRE, *essai*, 1963.

DRAME, *roman*, 1965 (L'Imaginaire n° 227).

NOMBRES, *roman*, 1968 (L'Imaginaire n° 425).

LOGIQUES, *essai*, 1968.

L'ÉCRITURE ET L'EXPÉRIENCE DES LIMITES, *essai*, 1968 (Points n° 24).

SUR LE MATÉRIALISME, *essai*, 1971.

LOIS, *roman*, 1972 (L'Imaginaire n° 431).

H, *roman*, 1973 (L'Imaginaire n° 441).

PARADIS, *roman*, 1981 (Points n° 690).

L'ANNÉE DU TIGRE, *journal*, 1999 (Points n° 705).

L'AMITIÉ DE ROLAND BARTHES, 2015.

Aux Éditions Plon

CARNET DE NUIT, *essai*, 1989 (Folio n° 4462).

LE CAVALIER DU LOUVRE. Vivant Denon (1747-1825), *essai*, 1995 (Folio n° 2938).

CASANOVA L'ADMIRABLE, *essai*, 1998 (Folio n° 3318).

MYSTÉRIEUX MOZART, *essai*, 2001 (Folio n° 3845).

DICTIONNAIRE AMOUREUX DE VENISE, 2004.

UN VRAI ROMAN. Mémoires, 2007 (Folio n° 4874).

Aux Éditions Grasset

VISION À NEW YORK, *entretiens avec David Hayman* (Figures, 1981 ; Médiations / Denoël ; Folio n° 3133).

CONTRE-ATTAQUE, *entretiens avec Franck Nouchi*, 2016.

Aux Éditions Bayard

Avec Josyane Savigneau, UNE CONVERSATION INFINIE, 2019.

Aux Éditions Lattès

VENISE ÉTERNELLE, 1993.

Aux Éditions Desclée De Brouwer

LA DIVINE COMÉDIE, *entretiens avec Benoît Chantre*, 2000 (Folio n° 3747).

VERS LE PARADIS. Dante au Collège des Bernardins, *essai*, 2010.

Aux Éditions Carnets Nord

GUERRES SECRÈTES, 2007 (Folio n° 4995).

Aux Éditions Écriture

CÉLINE, 2009.

Aux Éditions Robert Laffont

ILLUMINATIONS, *essai*, 2003 (Folio n° 4189).

Aux Éditions Calmann-Lévy

VOIR ÉCRIRE, *entretiens avec Christian de Portzamparc*, 2003 (Folio n° 4293).

Aux Éditions Verdier

LE SAINT-ÂNE, *essai*, 2004.

Aux Éditions Hermann

FLEURS. Le grand roman de l'érotisme floral, 2006.

Au Cherche Midi Éditeur

L'ÉVANGILE DE NIETZSCHE, *entretiens avec Vincent Roy*, 2006 (Folio n° 4804).

GRAND BEAU TEMPS, 2009.

Aux Éditions de La Différence

DE KOONING, VITE, *essai*, 1988.

Aux Éditions Cercle d'Art

PICASSO LE HÉROS, *essai*, 1996.

Aux Éditions Mille et Une Nuits

UN AMOUR AMÉRICAIN, *nouvelle*, 1999.

Aux Éditions 1900

PHOTOS LICENCIEUSES DE LA BELLE ÉPOQUE, 1987.

Aux Éditions Stock

L'ŒIL DE PROUST. Les dessins de Marcel Proust, 2000.

Préfaces

Paul Morand, NEW YORK, *GF Flammarion.*

Madame de Sévigné, LETTRES, *Éditions Scala.*

FEMMES MYTHOLOGIES, en collaboration avec Erich Lessing, *Imprimerie Nationale.*

D.A.F. de Sade, ANNE-PROSPÈRE DE LAUNAY. « L'AMOUR DE SADE », *Gallimard.*

Mirabeau, LE RIDEAU LEVÉ OU L'ÉDUCATION DE LAURE, *Jean-Claude Gawsewitch Éditeur.*

Willy Ronis, NUES, *Terre Bleue.*

Louis-Ferdinand Céline, LETTRES À LA N.R.F., *Gallimard* (Folio n° 5256).

*Tous les papiers utilisés pour les ouvrages
des collections Folio sont certifiés
et proviennent de forêts gérées durablement.*

*Composition Nord Compo
Impression Pollina à Luçon - 42256
le 25 janvier 2022
Dépôt légal : janvier 2022*

ISBN 978-2-07-297406-9 / Imprimé en France

432072